जापान-भारत के लोरीगीत
日本とインドの子守唄
JAPAN-BHARAT KE LORIGIT

जापान-भारत के लोरीगीत

日本とインドの子守唄

JAPAN-BHARAT KE LORIGIT

राज बुद्धिराजा

तकाकुरा योशिओ

वाणी प्रकाशन

21-ए, दरियागंज, नयी दिल्ली-110002

फोन : 011-23273167, 23275710

फैक्स : 011-23275710

e-mail : vaniprakashan@gmail.com

website : www.vaniprakashan.com

वाणी प्रकाशन का 'लोगो'
विख्यात चित्रकार मक़बूल फ़िदा हुसेन की
कूची से

ISBN : 978-81-8143-738-9

वाणी प्रकाशन
21-ए, दरियागंज, नयी दिल्ली-110002
द्वारा प्रकाशित
प्रथम संस्करण : 2008

आवरण : वाणी प्रकाशन
जय भारत प्रिंटिंग प्रेस, शाहदरा, दिल्ली-110032
द्वारा मुद्रित

मूल्य : 400.00

JAPAN-BHARAT KE LORIGIT
by : Raj Buddhiraja, Takakura Yoshio

जापान-भारत की अखंड मैत्री के लिए

日本とインドの絶え間ない友好に捧げる

समर्पण

दक्षिण भारत के निवासी बोधिसेन जापान जाने वाले पहले भारतीय थे। 752 ईसवी में *तोदाइजि* मंदिर में भगवान बुद्ध की प्राण-प्रतिष्ठा के अवसर पर तत्कालीन सम्राट *शोमु* ने उन्हें मुख्य पुजारी के रूप में पद भार ग्रहण करने के लिए आमंत्रित किया था। वे जीवन-पर्यंत वहीं रहे। दस हज़ार राजनयिकों, कवियों, संगीतकारों और गायकों की उपस्थिति में समारोह सम्पन्न हुआ। स्वर, ध्वनि और संगीत की त्रिवेणी से जो प्रार्थनाएँ निसृत हुईं वे बाद में जाकर लोरीगीत बन गयीं। बोधिसेन की गणना जापान के चार प्रमुख संतों में की जाने लगीं। अतीत के सागर से कुछ दुग्ध-धवल मुक्ता इस संकलन में अपनी उपस्थिति दर्ज कराये हुए हैं।

献呈

日本に最初に来訪したインド人は、南インド出身の菩提僊那（ボダイセンナ）だった。752年の東大寺大仏開眼供養式典の際、聖武天皇によって導師として招待された菩提僊那は、そのまま死ぬまで日本に留まった。式典には、1万人の官僚、詩人、音楽家、歌手が参加した。音と声と音楽の合流点から流れ出た祈りは、その後子守唄となった。菩提僊那は日本の四聖に数えられている。この本には、過去の大海から生じた乳白の真珠のいくつかが収録されている。

Preface

Every Japanese knows a series of children's songs. We learn them from our parent, at school, and on TVs. These songs nurture our sense of appreciating the nature. Japan is a country with clear four seasons. Through many songs about seasons, we learn to appreciate each season. For example, the song 'Chatsumi' expresses an expectation for the summer when trees are growing their green leaves. A root for Japanese sensitivity to the season or to detecting a tiny sing of changing seasons could be found in these songs. The songs form the backbone of our sentiments. Children's songs are probably the most effective methods to convey our cultural background.

I myself know almost all the songs contained in this book. I am hesitant to admit there are a few I do not know, but this reflects an extensive research by Dr. Buddhiraja. I read through the book with humming the songs with melody. They remind me of my childhood. I was grown up in the northern part of Japan. When I sung a Feburary song, 'Mame Maki', heavy snow was in front of my eye. I recalled an early autumn in my home town of a snow region with 'Makka Na Aki', a song describing red leaves of autumn. I feel like explaining my association with each song and I am certain that every Japanese shares this sentiment.

This is a long awaited book. Readers of this book will find how we, the Japanese, grow up and how our feelings are developed. But even more importantly, it is enjoyable to go through the book! I am indeed pleased to have this book with us, thanks to tremendous effort by Dr. Buddhiraja, I wish this book will be enjoyed by as many people and all the readers will become a good friend of Japan.

Shigeyuki Shimamori
Counselor
Embassy of Japan

20 Dec, 2007

अपनी बात

भारत-जापान मैत्री वर्ष 2007 तथा जापान के बालदिवस के उपलक्ष्य में पाँच से आठ मई तक *ओहिनासामा*, *तांगो नो सेक्कु*, *किमोनो*, पंखों तथा लकड़ी के खिलौनों की प्रदर्शनी, *वदाइको* ड्रम वादन, *ओरिगामि* वर्कशाप के अतिरिक्त 'हम पंछी एक डाल के' के अंतर्गत जापान-भारत के लोरीगीतों का जापानी-हिन्दी अनुवाद सहित गीतों का पाठन एवं संकलन तैयार किया गया। जिसमें हिन्दी के कवियों के अतिरिक्त जापान के तत्कालीन राजदूत यासुकुनि एनोकि तथा काऊंसलर शिगेयुकि शिमामोरि ने सहृद्यतापूर्वक योगदान दिया तथा जापान फ़ाऊंडेशन ने भी।

जापानी लोरीगीत प्राचीन काल से ही जापानी जनमानस में अपनी उपस्थिति दर्ज कराते चले आ रहे हैं। इसमें संस्कृत, मुलतानी, हिन्दी के लोरीगीतों के अलावा भक्तशिरोमणि सूरदास रचित वात्सल्य रस तथा तुलसीदास रचित कवितावली के पद भी सम्मिलित कर लिए गए। हम भारत की धरोहर को जापान के और जापान की धरोहर को भारत के सुपुर्द करना चाहते थे। बाद में जब इस संकलन को पुस्तकाकार रूप में प्रस्तुत करने की योजना बनाई गई तब अंतरराष्ट्रीय फ़लक को ध्यान में रखते हुए हमने एक लोरी को चार रूपों में पेश करने की कोशिश की—जापानी लोरी को मूल जापानी, हिन्दी अनुवाद, देवनागरी लिपि तथा रोमन लिपि में और हिन्दी लोरी को मूल हिन्दी, जापानी अनुवाद, जापानी लिपि तथा

रोमन लिपि में। पंजाबी भाषी होने के कारण यह कार्य मेरे लिए वैतरणी पार करने जैसा था। एक तरफ़ काउंसलर शिमामोरि ने संकलन की भूमिका लिखी और दूसरी तरफ़ वाणी प्रकाशन का तकाज़ा। तकाकुरा और मैंने मिलकर यह वैतरणी पार की। सरस्वती की कृपा से जब यह ज्ञान-यज्ञ संपन्न हुआ तो मुझे यह लगा कि खीर पकाई जतन से चरख़ा दिया जलाए। इसे अंतिम रूप देते समय तकाकुरा और मुझे आश्चर्य-मिश्रित प्रसन्नता हुई कि अरे! यह सब हमसे हो गया।

मैं अपने पाठकों को बता देना चाहती हूँ कि लोरियों के अक्षयकोष से इन लोरियों का चयन हमने अपनी मर्ज़ी से किया है क्योंकि इन लोरियों में सात्विकता, पवित्रता और आनन्द की त्रिवेणी बह रही है। इनमें निमज्जित होते ही मन के तमाम ताप-श्राप का हरण हो जाता है। यह महत्वपूर्ण काव्य-कृति न केवल भारत-जापान के सांस्कृतिक-साहित्यिक संबंधों में सुदृढ़ सेतु का कार्य करेगी बल्कि 'वसुधैव कुटुम्बकम्' द्वार पर भी दस्तक देगी।

इन्हीं शब्दों के साथ सादर सधन्यवाद

राज बुद्धिराजा

तकाकुरा योशिओ

जी-233

प्रीत विहार

दिल्ली – 110092

はじめに

日印交流年2007とこどもの日を記念し、5月5日から8日まで、お雛様、五月人形、着物、扇子、木製玩具の展示会や、和太鼓演奏、折り紙ワークショップが行われました。その際、「Hum Punchi Eik Dall Kei（僕たち私たち、ひとつの枝に座る小鳥）」と題して、日本とインドの子守唄・童謡を、ヒンディー語・日本語の対訳と共に一冊の冊子にまとめ、それらを吟唱する詩会も開催しました。その節は、ヒンディー語の詩人たち、元在印日本大使の榎泰邦氏、嶋守恵之参事官、そして国際交流基金から心よりの支援をいただきました。

日本の子守唄は昔から日本人の心となって来ました。それらに、サンスクリット語、ムルターニー語、ヒンディー語の子守唄や、バクティ詩人スールダースやトゥルスィーダースの詩を加えてみました。私たちはインドの遺産を日本に、日本の遺産をインドに託したいと考えました。後にこの冊子を本として出版する計画が持ち上がったとき、国際的市場を視野に入れ、ひとつの歌を4つの形で掲載することにしました。すなわち、日本語の歌を、日本語、ヒンディー語訳、デーヴナーグリー文字、ローマ字で、ヒンディー語の歌をヒンディー語、日本語訳、カタカナ、ローマ字で掲載することです。パンジャービー語話者の私にとって、この仕事は三途の川を渡るような大変な仕事でした。一方で嶋守参事官に序文を書いていただき、他方で出版社のワーニー・プラカーシャンから支援をいただいたことで、励ましを得ました。高倉氏と私は一緒にこの三途の川を渡りました。芸術と学問の女神サラスワティーのおかげでこの知的苦行が終わったとき、石の上にも三年という言葉を思い出しました。そして、仕上げをしているとき、高倉氏と私は、「本当に私たちがやったのだろうか？」と驚きが入り混じった喜びを感じました。

私が読者に申し上げておきたいことがあります。数ある不滅の子守唄の中から私たちは、高潔さ、純粋さ、楽しさという3つの聖なる河が合流したものを独断で選びました。これらの歌の中において沐浴をすることで、心の中の多くの苦痛は消え去ることでしょう。この重要な詩集は単にインドと日本の文化的・文学的関係の頑丈な架け橋となるだけでなく、「人類皆兄弟」の扉をノックすることになると信じています。

これらの言葉と感謝の気持ちと共に・・・

ラージ・ブッディラージャー
高倉嘉男

G-233
Preet Vihar
Delhi - 110092

अनुक्रम 目次

मौसम एवं प्रकृति-संबंधी गीत　季節と自然の歌

आधुनिक लोरीगीत 現代の子守唄

पारंपरिक लोरीगीत

伝統的子守唄

1.江戸子守唄

日本古謡

ねんねんころりよ　おころりよ

坊やはよい子だ　ねんねしな

坊やのおもりは　どこへ行った

あの山越えて　里へ行った

里のみやげに　なにもろた

でんでん太鼓に　笙の笛

1. *एदो*[i] का लोरीगीत

जापानी लोकगीत

लेटके सोजा, सो जाओ न
तुम अच्छे लड़के हो, सो जाओ न
तुम्हारी आया कहाँ गई
पहाड़ के उस पार गाँव गई
गाँव की क्या भेंट मिली
डमरू और *शो* की बाँसुरी[ii] मिली

---

i जापान की राजधानी *तोक्यो* का पुराना नाम।

ii जापान का पारंपरिक वाद्य जिसका रूप *पैन-पाइप* से मिलता है।

1.एदो कोमोरिउता

नेन नेन कोरोरियो ओकोरोरियो
बोया वा योइको दा नेनने शिना
बोया नो ओमोरि वा दोको ए इत्ता
नोयामा कोएते सतो ए इत्ता
सतो नो मियागे नी ननी मोरोता
देनदेन दाइको नि शो नो फुए

1. EDO KOMORIUTA

Japanese Traditional

NENNEN KORORIYO OKORORIYO
BOYA WA YOIKO DA NENNE SHINA
BOYA NO OMORI WA DOKO E ITTA
ANOYAMA KOETE SATO E ITTA
SATO NO MIYAGE NI NANI MOROTA
DENDENDAIKO NI SHO NO FUE

2. ゆりかごの歌

北原白秋

ゆりかごのうたを
カナリヤが歌うよ
ねんねこ　ねんねこ　ねんねこよ

ゆりかごのうえに
ビワの実が揺れるよ
ねんねこ　ねんねこ　ねんねこよ

ゆりかごのつなを
木ねずみが揺するよ
ねんねこ　ねんねこ　ねんねこよ

ゆりかごのゆめに
黄色い月がかかるよ
ねんねこ　ねんねこ　ねんねこよ

2.हिंडोले का गीत

किताहारा हकुशू

हिंडोले का गीत
कनारी[i] गा रही है
सो जा सो जा सो जा न

हिंडोले के ऊपर
लोकाट[ii] का फल झूम रहा है
सो जा सो जा सो जा न

हिंडोले की डोरी को
गिलहरी हिला रही है
सो जा सो जा सो जा

हिंडोले के सपने में
पीला चाँद चमक रहा है
सो जा सो जा सो जा न

---

i *कनारी* द्वीप की पीले पंखों वाली चिड़िया जो जापान में *पेट* के रूप में लोकप्रिय है।

ii गुलाब के कुल का वृक्ष जिसका फूल नवंबर में खिलता है। इसका फल जुलई के आसपास फलता है जिसका रंग नारंगी और जिसका रूप गोल-सा होता है।

2.युरिकागो नो उता

युरिकागो नो उता ओ
कनारिया गा उताउयो
नेन नेको नेन नेको नेन नेकोयो

युरिकागो नो उए नि
बिवा नो मि गा युरेरुयो
नेन नेको नेन नेको नेन नेकोयो

युरिकागो नो त्सुना ओ
कोनेज़ुमि गा युसुरुयो
नेन नेको नेन नेको नेन नेकोयो

युरिकागो नो युमे नि
कीरोइ त्सुकि गा ककारुयो
नेन नेको नेन नेको नेन नेकोयो

2.YURIKAGO NO UTA

Kitahara Hakushu

YURIKAGO NO UTA O
KANARIYA GA UTAUYO
NENNEKO NENNEKO NENNEKOYO

YURIKAGO NO UE NI
BIWA NO MI GA YURERUYO
NENNEKO NENNEKO NENNEKOYO

YURIKAGO NO TSUNA O
KONEZUMI GA YUSURUYO
NENNEKO NENNEKO NENNEKOYO

YURIKAGO NO YUME NI
KIIROI TSUKI GA KAKARU YO
NENNEKO NENNEKO NENNEKOYO

3. 五木の子守唄

日本古謡

おどま　盆ぎり　盆ぎり
盆からさきや　おらんど
盆がはよくりゃ　はよ戻る
おどま　勧進　勧進
あんひとたちゃ　よか衆
よかしゃ　よか帯　よかきもん
おどんが打死だちゅうて
だいがにやあて　くりゅうきや
裏の松山　蝉が泣く
蝉じゃごんせぬ　妹でござる
妹泣くなよ　気にかかる
おどんが打死だば　道端いけろ
通るひとごち　花ぁぎゅう
花はなんの花　つんつん椿
水は天から　もらい水

3. *इत्सुकि*[i] का लोरीगीत

जापानी लोकगीत

मैं *बोन*[ii] त्योहार तक रहूँगा
बोन के बाद नहीं रहूँगा
बोन जल्दी आया तो जल्दी चला जाऊँगा
मैं भिखारी की तरह ग़रीब हूँ
वे लोग अमीर हैं
अच्छे अच्छे *ओबि*[iii] और कपड़े पहने हैं
अगर मैं मर जाऊँ
तो कौन मेरे लिए रोएगा?
घर के पीछे चीड़ के पेड़ पर चिश्चिर रोएगा
नहीं, चिश्चिर नहीं, बहन रोएगी
बहन, मत रो, दिल बैठा जा रहा है
अगर मैं मर गया तो सड़क के किनारे पर दफ़न करो
हर राही फूल दे देगा
कौन-सा फूल? *कैमीलिया*[iv] का फूल
पानी तो आसमान से मिलेगा ही

---

i *क्यूशू* द्वीप के *कुमामोतो* जिले में स्थित एक गाँव का नाम।

ii जापान का श्राद्ध जो अगस्त के मध्य में होता है।

iii जापान के पारंपरिक वस्त्र *किमोनो* पर बाँधने की पेटी।

iv एक शोभादार वृक्ष जिसका फूल लाल या सफ़ेद होता है और वसंत में खिलता है।

3.इत्सुकि नो कोमोरिउता

ओदोमा बोन गिरि बोन गिरि
बोन करा सकिया ओरनदो
बोन गा हयो कुर्या हयो मोदोरु
ओदोमा कनजिन कनजिन
अन हितो तचा योकाशू
योकाशा योका ओबि योका किमोन
ओदोन गा उचिजिन दचूते
दाइगानियाते कुर्यूकिया
उरा नो मत्सुयमा सेमि गा नकू
सेमि जा गोनसेनु इमातो दे गोज़ारु
इमोतो नकुना यो कि नि ककारु
ओदोन गा उचिजिनि दब मिच्चिबाता इकेरो
तोरु हितोगोच्चि हना ग्यू
हना वा नन नो हना त्सुनत्सुन त्सुबाकि
मिज़ु वा तेन करा मोराइ मिज़ु

3.ITSUKI NO KOMORIUTA

Japanese Traditional

ODOMA BON GIRI BON GIRI
BON KARA SAKIYA ORANDO
BON GA HAYO KURYA HAYO MODORU
ODOMA KANJIN KANJIN
ANHITOTACHA YOKA SHU
YOKASHA YOKA OBI YOKA KIMON
ODON GA UCHIJINI DACHUUTE
DAIGANIYAATE KURYUUKIYA
URANO MATSUYAMA SEMI GA NAKU
SEMI JA GONZENU IMOUTO DE GOZARU
IMOUTO NAKUNAYO KI NI KAKARU
ODON GA UCHIJINI DABA MICHIBATA IKERO
TORU HITOGOCHI HANAA GYUU
HANA WA NAN NO HANA TSUNTSUN TSUBAKI
MIZU WA TEN KARA MORAI MIZU

4.ねんねんさいさい

日本古謡

ねんねん　さいさい　酒屋の子
酒屋が嫌なら　嫁に出す
寝ろでばや　寝ろでばや

簞笥　長持　挟み箱
これ程重ねて　遣るほどに
寝ろでばや　寝ろでばや

二度と来るなよ　この娘
お父ちゃん　お母ちゃん　そりゃ無理よ
寝ろでばや　寝ろでばや

西が曇れば　雨となる
東が曇れば　風となる
寝ろでばや　寝ろでばや

4.सो जा सो जा

जापानी लोकगीत

सो जा सो जा ठेकेदार की बेटी
ठेकेदारी पसंद नहीं तो ब्याह दूँ
सो जाओ न सो जाओ न

अलमारी, बक्सा और संदूक
ढेर सारे सामान बटोरकर भेज दूँ
सो जाओ न सो जाओ न

कभी वापस न आओ बेटी
बापू, अम्मा, ऐसा मत कहो
सो जाओ न सो जाओ न

पश्चिम में बादल हो तो बारिश हो जाएगी
पूर्व में बादल हो तो हवा चल जाएगी
सो जाओ न सो जाओ न

4. नेन नेन साइ साइ

नेन नेन साइ साइ सकाया नो को
सकाया गा इयानारा योमे नि दसु
नेरोदेबाया नेरोदेबाया

तनसु नगामोचि हसामिबाको
कोरेहोदो कसानेते यरुहोदोनि
नेरोदेबाया नेरोदेबाया

निदोतो कुरुनायो कोनो मुसुमे
ओदोचन ओगाचन सोर्या मुरियो
नेरोदेबाया नेरोदेबाया

निशि गा कुमोरेबा अमे तो नरु
हिगाशि गा कुमोरेबा कज़े तो नरु
नेरोदेबाया नेरोदेबाया

4.NENNENSAISAI

Japanese Traditional

NENNEN SAISAI SAKAYA NO KO
SAKAYA GA IYA NARA YOME NI DASU
NERODEBAYA NERODEBAYA

TANSU NAGAMOCHI HASAMIBAKO
KOREHODO KASANETE YARU HODO NI
NERODEBAYA NERODEBAYA

NIDOTO KURUNAYO KONO MUSUME
ODOCHAN OGACHAN SORYA MURI YO
NERODEBAYA NERODEBAYA

NISHI GA KUMOREBA AME TO NARU
HIGASHI GA KUMOREBA KAZE TO NARU
NERODEBAYA NERODEBAYA

5.この子の可愛さ

日本古謡

坊やはよい子だ　ねんねしな

この子の可愛さ　限りなさ

天に上れば　星の数

七里が浜では　砂の数

山では木の数　萱の数

沼津へ下れば　千本松

千本松原　小松原

松葉の数より　まだ可愛い

ねんねんころりよ　おころりよ

5.कितना प्यारा यह लड़का

जापानी लोकगीत

तुम अच्छे लड़के हो, सो जाओ न
कितना प्यारा है यह लड़का, असीम है
जितने आकाश में तारे हैं
जितनी *शिचिरि-गा-हमा*[i] के समुद्रतट में रेत हैं
जितने पहाड़ में पेड़ और पौधे हैं
नुमाज़ु[ii] तक चलें तो *सेम्बोन-मत्सुबारा*[iii] है
समुद्रतट पर हज़ारों चीड़ होते हैं
उन चीड़ों के पत्तों से भी अधिक प्यारा है
सो जाओ न सो जाओ न

---

i *होनशू* द्वीप के *कनागावा* जिले में स्थित एक जगह का नाम।

ii *होनशू* द्वीप के *शिज़ुओका* जिले में स्थित एक शहर का नाम।

iii नुमाज़ु में स्थित एक दर्शनीय स्थल जहाँ हज़ारों चीड़ों का वन है।

5. कोनो को नो कवाइसा

बोया वा योइको दा नेन ने शिना
कोनो को नो कवाइसा कगिरिनासा
तेन नि नोबोरेबा होशि नो कज़ु
शिचिरिगाहामा देवा सुना नो कज़ु
यमा देवा कि नो कज़ु सुना नो कज़ु
नुमज़ु ए कुदारेबा सेम्बोम्मात्सु
सेम्बोम्मात्सुबारा कोमात्सुबारा
मत्सुबा नो कज़ु योरि मदा कवाई
नेन नेन कोरोरियो ओकोरोरियो

5.KONO KO NO KAWAISA

Japanese Traditional

BOYA WA YOI KO DA NENNE SHINA

KONO KO NO KAWAISA KAGIRINASA

TEN NI NOBOREBA HOSHI NO KAZU

SHICHIRIGAHAMA DEWA SUNA NO KAZU

YAMA DEWA KI NO KAZU KAYA NO KAZU

NUMAZU E KUDAREBA SEMBOMMATSU

SEMBOMMATSUBARA KOMATSUBARA

MATSUBA NO KAZU YORI MADA KAWAII

NENNEN KORORIYO OKORORIYO

6.ようかい

日本古謡

ようかい　ようかい　ようかいよ
よっとこの子が　寝たなろば
息をほしと　しょうものば

ようかい　ようかい　ようかいよ
おぜが　父ちゃは　何処行たか
あれは屋久島　かま売りに

かまは売れぬか　まだじゃろか
二年たっても　まだ在せぬ
三年たっても　まだ在せぬ
三年三月に　状が来た

6.अच्छा अच्छा

जापानी लोकगीत

अच्छा अच्छा
काश यह लड़का सो जाता
तो आराम कर सकती

अच्छा अच्छा
तुम्हारे बापू कहाँ गए
वे तो *याकुशीमा*[i] गए हँड़िया बेचने

हँड़िया अब तक बिका नहीं क्या
दो साल बीत गए, नहीं आए
तीन साल बीत गए, नहीं आए
सवा तीन साल के बाद चिट्ठी आई

---

i *क्यूशू* द्वीप के पास स्थित एक छोटा-सा द्वीप। प्रकृति के सौंदर्य के कारण *यूनेस्को* द्वारा 'विश्व प्राकृतिक विरासत' घोषित किया गया है।

6. योकाइ

योकाइ योकाइ योकाइयो
योत्तो कोनो को गा नेता नारोबा
इकि ओ होशितो शोमोनोबा

योकाइ योकाइ योकाइयो
ओज़े गा तेच्चा वा दोको इता का
अरे वा यकुशिमा कमा उरि नी

कमा वा उरेनु का मदा जरोका
नि नेन तत्तेमो मदा वसेनु
सन नेन तत्तेमो मदा वसेनु
सन नेन सन गत्सु नि जो गा किता

6. YOKAI

Japanese Traditional

YOUKAI YOUKAI YOUKAIYO
YOTTO KONO KO GA NETANAROBA
IKI O HOSHITO SHOUMONOBA

YOUKAI YOUKAI YOUKAIYO
OZEGA TECCHA WA DOKOITAKA
ARE WA YAKUSHIMA KAMAURI NI

KAMA WA URENU KA MADA JAROKA
NINEN TATTEMO MADA WASENU
SANNEN TATTEMO MADA WASENU
SANNEN SANGATSU NI JO GA KITA

7. 守さ子守さ

日本古謡

守さ　子守さ
昼寝が大事ヨ　ホーヨーオ
晩げ遅うまで　門に立つ
ハリコヤ　スイタカ　ジュンサイ

なんぜこの子は
なぜこに泣くかヨ　ホーヨーオ
乳が足らぬか　親なしか
ハリコヤ　スイタカ　ジュンサイ

向う山をば
ちんばが通るヨ　ホーヨーオ
傘が見えたり　隠れたり
ハリコヤ　スイタカ　ジュンサイ

7.आया हूँ मैं आया हूँ

जापानी लोकगीत

आया हूँ मैं आया हूँ
आया को दिन में सोना चाहिए, *हो यो ओ*[i]
आधी रात तक काम करना है
हारिकोया सुइताका जुनसाइ[ii]

काहे को यह लड़का
इतना रोता है, *हो यो ओ*
और दूध पीना है या अनाथ है
हारिकोया सुइताका जुनसाइ

उधर के पहाड़ में
लँगड़ा जा रहा है, *हो यो ओ*
छाता कभी दीखता है तो कभी छिप जाता है
हारिकोया सुइताका जुनसाइ

---

i एक प्रकार की पुकार जिसका कोई अर्थ नहीं है।

ii यह भी एक प्रकार की पुकार।

7.मोरि सा कोमोरि सा

मोरि सा कोमोरि सा
हिरुने गा दाइजि यो होयोवो
बन गे ओसो मदे कदो नि तत्सु
हरिकोया सुइताका जुनसाइ

ननज़े कोनो को वा
नज़े कोनि नकुकायो होयोवो
चिचि गा तरनु का ओयानाशि का
हरिकोया सुइताका जुनसाइ

मुकोयामा ओबा
चिम्बा गा तोरु यो होयोवो
कसा गा मिएतारी ककुरेतारि
हरिकोया सुइताका जुनसाइ

7.MORI SA KOMORI SA

Japanese Traditional

MORI SA KOMORI SA
HIRUNE GA DAIJI YO HOYOWO
BAN GE OSOU MADE KADO NI TATSU
HARIKOYA SUITAKA JUNSAI

NANZE KONO KO WA
NAZE KONI NAKUKAYO HOYOWO
CHICHI GA TARANU KA OYANASHI KA
HARIKOYA SUITAKA JUNSAI

MUKOUYAMA OBA
CHINBA GA TORU YO HOYOWO
KASA GA MIETARI KAKURETARI
HARIKOYA SUITAKA JUNSAI

8.赤い山青い山

日本古謡

ねんねの寝た間に

何せやよいの

小豆餅の橡餅や

赤い山へ持って行けば

赤い鳥がつっつく

青い山へ持って行けば

青い鳥がつっつく

白い山へ持って行けば

白い鳥がつつくよ

8.लाल पहाड़ नीला पहाड़

जापानी लोकगीत

जब तुम सो जाओगे
तो मैं क्या करूँ
अज़ुकिमोचि या *तोचिमोचि*[i]
लाल पहाड़ में लिए जाऊँ
तो लाल चिड़िया चुगेगा
नीला पहाड़ में लिए जाऊँ
तो नीला चिड़िया चुगेगा
सफ़ेद पहाड़ में लिए जाऊँ
तो सफ़ेद चिड़िया चुगेगा

---

[i] *मोचि* एक जापानी खाना है जो चावल से बना है। जिसमें *अज़ुकि* नामक दाल मिलाया गया, वह *अज़ुकिमोचि* है, और जिसमें *तोचि* नामक फल मिलाया गया, वह *तोचिमोचि* है।

8.अकाइ यमा अओइ यमा

नेनने नो नेता मानि
ननिसेया योइनो
अज़ुकिमोचि नो तोचिमोचि या
अकाइ यमा ए मोत्ते इकेबा
अकाइ तोरि गा त्सुत्सुकु
अओइ यमा ए मोत्ते इकेबा
अओइ तोरि गा त्सुत्सुकु
शिरोइ यमा ए मोत्ते इकेबा
शिरोइ तोरि गा त्सुत्सुकुयो

8.AKAI YAMA AOI YAMA

Japanese Traditional

NENNE NO NETA MA NI
NANISEYA YOINO
AZUKIMOCHI NO TOCHIMOCHI YA
AKAI YAMA E MOTTE IKEBA
AKAI TORI GA TSUTTSUKU
AOI YAMA E MOTTE IKEBA
AOI TORI GA TSUTTSUKU
SHIROI YAMA E MOTTE IKEBA
SHIROI TORI GA TSUTSUKUYO

9.小山の小兎

日本古謡

こんこん小山の子兎は
なぜにお耳が長うござる
おッ母ちゃんのぽんぽにいた時に
長い木の葉を食べたゆえ
それでお耳が長うござる

こんこん小山の子兎は
なぜにお目々が赤うござる
おッ母ちゃんのぽんぽにいた時に
赤い木の実を食べたゆえ
それでお目々が赤うござる

9.पहाड़ी ख़रग़ोश

जापानी लोकगीत

पहाड़ी ख़रग़ोश के
कान क्यों लंबे हैं
क्योंकि जब वह अम्मा के पेट में था
तब लँबे पत्ते खाए थे
इसलिए उसके कान लँबे हैं

पहाड़ी ख़रग़ोश की
आँखें क्यों लाल हैं
क्योंकि जब वह अम्मा के पेट में था
तब लाल फल खाए थे
इसलिए उसकी आँखें लाल हैं

9.कोयामा नो कोउसागि

कोन कोन कोयामा नो कोउसागि वा
नज़ेनि ओमिमि गा नगो गोज़रु
ओक्काचन नो बोम्बो नि इता तोकि नि
नगाइ कोनोहा ओ तबेता युए
सोरेदे ओमिमि गा नगो गोज़ारु

कोन कोन कोयामा नो कोउसागि वा
नज़ेनि ओमेमे गा अको गोज़रु
ओक्काचन नो बोम्बो नि इता तोकि नि
अकाइ कोनोमि ओ तबेता युए
सोरेदे ओमेमे गा अको गोज़ारु

9.KOYAMA NO KOUSAGI

Japanese Traditional

KONKON KOYAMA NO KOUSAGI WA
NAZENI OMIMI GA NAGOU GOZARU
OKKACHAN NO BOMBO NI ITA TOKI NI
NAGAI KONOHA O TABETA YUE
SOREDE OMIMI GA NAGOU GOZARU

KONKON KOYAMA NO KOUSAGI WA
NAZENI OMEME GA AKOU GOZARU
OKKACHAN NO BOMBO NI ITA TOKI NI
AKAI KONOMI O TABETA YUE
SOREDE OMEME GA AKOU GOZARU

10.लोरीगीत – यजुर्वेद

को S सि

कतमी S सि

कस्या S सि

को नाम S सि

तुम कौन हो?
कहाँ से आये हो?
किसके हो?
तुम्हारा नाम क्या है?

10. ヤジュルヴェーダ[i]の子守唄

お前は誰だい？
どこから来たんだい？
誰の子だい？
お前の名前は何だい？

i 4つあるバラモン教聖典ヴェーダの内のひとつ。

10. ローリーギート・ヤジュルヴェーダ

コー　スィ
カタミー　スィ
カスィヤー　スィ
コー　ナーマ　スィ

10. LORĪGĪT - YAJURVEDA

KO SI
KATAMĪ SI
KASYĀ SI
KO NĀMA SI

11.जसोदा हरि पालनै झुलावै

सूरदास 'सूरसागर' से

जसोदा हरि पालनै झुलावै।
हलरावै, दुलराइ मल्हावै, जोइ-सोइ कछु गावै।
मेरे लाल कौं आउ निंदरिया, काहैं न आनि सुवावै।
तू काहैं नाहिं बेगहिं आवै, तोकों कान्ह बुलावै।
कबहुँक पलक हरि मूँदि लेत हैं, कबहुँ अधर फरकावै।
सोवत जानि मौन ह्वै रहि, करि करि सैन बतावै।
इहिं अंतर अकुलाइ उठे हरि, जसुमति मधुरैं गावै।
जो सुख सूर अमर-मुनि दरलभ, सो नँद भामिनि पावै॥

11. ゆりかご

スールダース「スールサーガル」より[i]

ヤショーダー[ii]はクリシュナ[iii]が寝ているゆりかごを揺らしている。

あやしたり、あれこれ歌っている。

眠気よ、私の子供のところへおいで、
　　ここへ来てこの子を眠らせておくれ。

どうしてすぐにやって来ないの、
　　クリシュナがお前を呼んでいるよ。

クリシュナは目をつむったり、口をもごもごしたりしている。

クリシュナが眠ったと思ったヤショーダーは歌うのをやめる。

そうしたらクリシュナは再び目を覚ましたので、
　　ヤショーダーはまた甘い歌を歌いだす。

スールダース曰く、聖者や聖仙ですら得られない喜びを、
　　ヤショーダーは享受している。

---

i スールダースは15～16世紀の伝説的詩人。クリシュナを讃える多くの詩をブラジ語（ヒンディー語の一方言）で作った。特にクリシュナの幼年時代の活き活きとした描写が有名。彼の詩は詩集「スールサーガル」に収録。

ii クリシュナの育ての母親。

iii インド人に最も人気のある神様で、青い肌に笛を持ったハンサムな牧童の姿で描かれる。伝承では、悪逆非道の王カンサを退治するためにヴィシュヌ神（ヒンドゥー教三大神の1人）が地上に降臨した姿とされるが、二大叙事詩のひとつ「マハーバーラタ」にも登場し活躍する。

11. ジャソーダー・ハリ・パールナイ・ジュラーワイ

ジャソーダー　ハリ　パールナイ　ジュラーワイ
ハルラーワイ　ドゥルラーイ　マラーワイ
　　　ジョーイソーイ　クチュー　ガーワイ
メーレー　ラール　カウン　アーウ　ニンドリヤー
　　　カーハイン　ナ　アーニ　スワーワイ
トゥー　カーハイン　ナーヒン　ベーガヒン　アーワイ
　　　トーコーン　カーナ　ブラーワイ
カブフンク　パラク　ハリ　ムーンディ　レート　ハイン
　　　カブフン　アダル　パルカーワイ
ソーワト　ジャーニ　マウン　ワイ　ラヒ
　　　カリ　カリ　サイン　バターワイ
イヒン　アンタル　アクラーイ　ウテー　ハリ
　　　ジャスマティ　マドゥライン　ガーワイ
ジョー　スク　スール　アマルムニ　ダララブ
　　　　　ソー　ナンド　バーミニ　パーワイ

11. JASODĀ HARI PĀLNAI JHULĀWAI

SŪRDĀS "SŪRSĀGAR"

JASODĀ HARI PĀLNAI JHULĀWAI
HALRĀWAI, DULRĀI MALHĀWAI,
        JOI-SOI KACHHŪ GĀWAI
MERE LĀL KAUN ĀU NINDRIYĀ,
        KĀHAIN NA ĀNI SUWĀWAI
TŪ KĀHAIN NĀHIN BEGAHIN ĀWAI,
        TOKON KĀNHA BULĀWAI
KABHUNK PALAK HARI MŪNDI LET HAIN,
        KABHUN ADHAR PHARKĀWAI
SOWAT JĀNI MAUN HWAI RAHI,
        KARI KARI SAIN BATĀWAI
IHIN ANTAR AKULĀI UTHE HARI,
        JASUMATI MADHURAIN GĀWAI
JO SUKH SŪR AMAR-MUNI DARLABH,
        SO NAND BHĀMINI PĀWAI

12.सुत मुख देखि जसोदा फूली

सूरदास 'सूरसागर' से

सुत मुख देखि जसोदा फूली।
हरषति देखि दूधि की दँतियाँ, प्रेममगन तन की सुधि भूली।
बाहिर तैं तब नंद बुलाए, देखौ धौं सुन्दर सुखदाई।
तनक-तनक सी दूध दँतुलिया, देखौ, नैन सफल करौ आई।
आनँद सहित महर तब आए, मुख चितवत दोउ नैन अघाई।
सूर स्याम किलकत द्विज देख्यौ, मनौ कमल पर बिज्जु जमाई॥

12. 乳歯

スールダース「スールサーガル」より

息子の顔を見てヤショーダーは嬉しくてたまらない。

クリシュナの口に生えてきた乳歯を見て、
愛おしくてたまらない。

彼女は外にいたナンド[i]を呼んで言った、
ちょっとこの子のかわいらしい顔を見てちょうだい。

小さな小さな歯を見てちょうだい、
きっと嬉しくて泣いてしまうでしょう。

ナンドは喜んでやって来て、
息子の顔を見て本当に涙ぐんだ。

スールダース曰く、ナンドの喜びようは
まるで蓮に稲妻が走ったかのようだった。

---

i クリシュナの育ての父親。

12. スト・ムク・デーキ・ジャソーダー・プーリー

スト　ムク　デーキ　ジャソーダー　プーリー
ハルシュティ　デーキ　ドゥーディ　キ　ダンティヤーン
　　　　プレームマガン　タン　キ　スディ　ブーリー
バーヒル　タイン　タブ　ナンド　ブラーエー
　　　　デーカウン　ダウン　スンダル　スクダーイー
タナクタナク　スィ　ドゥード　ダントゥリヤー
　　　　デーカウン　ナイン　サパル　カラウン　アーイー
アーナンド　サヒト　メヘル　タブ　アーエー
　　　　ムク　チトワト　ドーウ　ナイン　アガーイー
スール　スャーム　キルカト　ドワジ　デーキャウン
　　　　マナウン　カマル　パル　ビッジュ　ジャマーイー

12. SUT MUKH DEKHI JASODĀ PHŪLĪ

SŪRDĀS "SŪRSĀGAR"

SUT MUKH DEKHI JASODĀ PHŪLĪ
HARSHATI DEKHI DŪDHI KI DANTIYĀN,
PREMAMAGAN TAN KI SUDHI BHŪLĪ
BĀHIR TAIN TAB NAND BULĀE,
DEKHAU DHAUN SUNDAR SUKHDĀĪ
TANAK-TANAK SI DŪDH DANTULIYĀ,
DEKHAU, NAIN SAPHAL KARAU ĀĪ
ĀNAND SAHIT MAHAR TAB ĀE,
MUKH CHITWAT DOU NAIN AGHĀĪ
SŪR SYĀM KILKAT DWIJ DEKHYAU,
MANAU KAMAL PAR BIJJU JAMĀĪ

13. हरि किलकत जसुमति की कनियाँ

सूरदास 'सूरसागर' से

हरि किलकत जसुमति की कनियाँ।
मुख मैं तीनि लोक दिखराए, चकित भई नँद-रनियाँ।
घर-घर हाथ दिखावति डोलति, बाँधति गरैं बघनियाँ।
सूर स्याम की अद्‌भुत लीला नहिं जानत मुनिजनियाँ॥

13. 遊戯

スールダース「スールサーガル」より

クリシュナはヤショーダーの胸の中で声を出している。

クリシュナは口を開いて彼女に三界[i]を見せた。
それを見てヤショーダーはびっくり仰天。

近所を駆けずり回り、
クリシュナの腕に魔よけを結んだ。

スールダース曰く、クリシュナの遊戯は
聖仙ですら理解できない。

---

i 天界・地上界・地下界。クリシュナは神様なので、体の中に宇宙が内在している。

13. ハリ・キルカト・ジャスマティ・キ・カニヤーン

ハリ　キルカト　ジャスマティ　キ　カニヤーン
ムク　マイン　ティーニ　ローク　ディクラーエー
　　　チャキト　バイー　ナンドラニヤーン
ガルガル　ハート　ディカーワティ　ドーラティ
　　　バーンダティ　ガライン　バガニヤーン
スール　スャーム　キ　アドブト　リーラー
　　　ナヒン　ジャナト　ムニジャニヤーン

13. HARI KILKAT JASUMATI KI KANIYĀN

SŪRDĀS "SŪRSĀGAR"

HARI KILKAT JASUMATI KI KANIYĀN
MUKH MAIN TĪNI LOK DIKHRĀE,
        CHAKIT BHAĪ NAND-RANIYĀN
GHAR-GHAR HĀTH DIKHĀWATI ḎOLATI,
        BĀNDHATI GARAIN BAGHNIYĀN
SŪR SYĀM KI ADBHUT LĪLĀ
        NAHIN JĀNAT MUNIJANIYĀN

14. सोभित कर नवनीत लिये

सूरदास 'सूरसागर' से

सोभित कर नवनीत लिये।
घुटुरुनि चलत रेनु तन मंडित, मुख दधि लेप किये।
चारु कपोल, लोल लोचन, गोरोचन-तिलक दिये।
लट-लटकनि मनु मत्त मधुप-गन मादक मधुहिं पिए।
कठुला-कंठ, बज्र केहरि-नख, राजत रुचिर हिए।
धन्य सूर एकौ पल इहिं सुख, का सत कल्प जिए॥

14. よちよち歩き

スールダース「スールサーガル」より

クリシュナは手にバターを持っている。

土まみれの身体や顔にヨーグルトを塗って、
　　ハイハイしながら歩き回っている。

頬は美しく、目は落ち着きがなく、
　　額にはティラク[i]が塗られている。

そのよちよち歩きはまるで、
　　蜜蜂の群れが蜜を飲んで酔っ払っているようだ。

首は首飾り、心は獅子の爪で飾られている。

スールダース曰く、この喜びを味わえたら、一瞬の人生でも十分だ。
　　何百回もの人生に何の意味があろう？

---

i ヒンドゥー教徒が額に付ける白檀や辰砂の印。

14. ソービト・カル・ナヴニート・リエー

ソービト　カル　ナヴニート　リエー
グトゥルニ　チャラト　レーヌ　タン　マンディト
　　　ムク　ダディ　レープ　キエー
チャール　カポール　ロール　ローチャン
　　　ゴーローチャンティラク　ディエー
ラトラタクニ　マヌ　マット　マドゥプガン
　　　マーダク　マドゥヒン　ピエー
カトゥラーカント　バジュル　ケーハリナク
　　　ラージャト　ルチル　ヒエー
ダンニャ　スール　エーカウ　パル　イヒン　スク
　　　カー　サト　カルプ　ジエー

14. SOBHIT KAR NAVNĪT LIYE

SŪRDĀS "SŪRSĀGAR"

SOBHIT KAR NAVNĪT LIYE
GHUṮURUNI CHALAT RENU TAN MANḎIT,
MUKH DADHI LEP KIYE
CHĀRU KAPOL, LĀL LOCHAN,
GOROCHAN-TILAK DIYE
LAṮ-LAṮAKNI MANU MATT MADHUP-GAN
MĀDAK MADHUHIN PIE
KAṮHULĀ-KANṮH, BAJR KEHARI-NAKH,
RĀJAT RUCHIR HIE
DHANYA SŪR EKAU PAL IHIN SUKH,
KĀ SAT KALP JIE

15. मैया, कबहिं बढ़ैगी चोटी

सूरदास 'सूरसागर' से

मैया, कबहिं बढ़ैगी चोटी?
किती बार मोहिं दूध पियत भई, यह अजहूँ है छोटी।
तू जो कहति बल की बेनी ज्यौं, ह्वै है लाँबी-मोटी।
काढ़त-गुहत न्हवावत जैहै नागिनि सी भुइँ लोटी।
काचौ दूध पियावति पचि-पचि, देति न माखन-रोटी।
सूरज चिरजीवौ दाउ भैया, हरि-हलधर की जोटी॥

15. 髪の毛

スールダース「スールサーガル」より

お母さん、僕のチョーティー[i]はいつ長くなるの？

ずっと乳を飲んでるけど、全然チョーティーは伸びないよ。

お母さん言ってたじゃない、
バルラーム[ii]のチョーティーみたいに太く長くなるって。

引っ張ったり編んだり沐浴するときに、
蛇のように地面にくっつくようになるって。

お母さんは僕に薄い乳しか飲ましてくれないじゃない。
バターやローティー[iii]をくれないじゃない。

スールダース曰く、クリシュナとバルラームの兄弟が
いつまでも仲良く暮らせますように。

---

[i] 頭の上の一房の髪。

[ii] クリシュナの兄。

[iii] インド式パン。小麦などの穀物の粉を水で練り、薄く延ばして火にあぶったもの。

15. マイヤー・カブヒン・バライギー・チョーティー

マイヤー　カブヒン　バライギー　チョーティー？
キティー　バール　モーヒン　ドゥード　ピヤト　バイー
　　　　イエ　アジフーン　ハェ　チョーティー
トゥー　ジョー　カヒト　バル　キ　ベーニー　ジャウン
　　　　ワイ　ハェ　ラーンビーモーティー
カーラトグハト　ナワーワト　ジャイハイ
　　　　ナーギニ　スィー　ブイン　ローティー
カーチャウ　ドゥード　ピヤーワティ　パチパチ
　　　　デーティ　ナ　マーカンローティー
スーラジ　チルジーワイ　ダーウ　バイヤー
　　　　ハリハルダル　キ　ジョーティー

15. MAIYĀ KABHIN BA<u>RH</u>AIGĪ CHO<u>T</u>Ī

SŪRDĀS "SŪRSĀGAR"

MAIYĀ KABHIN BA<u>RH</u>AIGĪ CHO<u>T</u>Ī?
KITĪ BĀR MOHIN DŪDH PIYAT BHAĪ,
YEH AJHŪN HAI CHHO<u>T</u>Ī
TŪ JO KAHATI BAL KI BENĪ JYAUN,
HWAI HAI LĀMBĪ-MOTĪ
KĀRHAT-GUHAT NHAWĀWAT JAIHAI
NĀGINI SI BHUIN LOTĪ
KĀCHAU DŪDH PIYĀWATI PACHI-PACHI,
DETI NA MĀKHAN-RO<u>T</u>Ī
SŪRAJ CHIRJĪVAU DĀU MAIYĀ,
HARI-HALDHAR KI JO<u>T</u>Ī

16. मैया मोहिं दाउ बहुत खिझायौ

सूरदास 'सूरसागर' से

मैया मोहिं दाउ बहुत खिझायौ।
मोसौं कहत मोल कौ लीन्हौ, तू जसुमति कब जायौ।
कहा करौं इहि रिस के मारैं खेलन हौं नहिं जात।
पुनि-पुनि कहत कौन है माता, को है तेरौ तात।
गोरे नंद जसोदा गोरी तू कत स्यामल गात।
चुटकी दै-दै ग्वाल नचावत, हँसत सबै मुसुकात।
तू मोहीं कौं मारन सीखी, दाउहिं कबहूँ न खीझै।
मोहन मुख रिस की ये बातैं, जसुमति सुनि-सुनि रीझै।
सुनहु कान्ह, बलभद्र चबाई, जनमत ही को धूत।
सूर स्याम मोहि गोधन की सौं, हौं माता तू पूत॥

16. 誰の子？

スールダース「スールサーガル」より

お母さん、バルラームが僕をからかうんだ。

僕のこと、どこかから買われてきた子だって。
　　お母さんが生んだ子じゃないって。

だから僕は遊びに行かないんだ。

バルラームが何度も何度も聞いて来るんだ。
　　お前のお母さんは誰だ、お前のお父さんは誰だって。

ナンド父さんは色白だし、ヤショーダー母さんも色白なのに、
　　どうしてお前だけ色黒なんだって。

牛飼いの子供たちもみんな笑ってからかうんだ。

お母さんは何で僕だけぶつの？どうして兄さんを怒らないの？

クリシュナの怒った顔を見て、
　　ヤショーダーは優しく言い聞かす。

クリシュナ、いいかい、バルラームは口が悪くて、
　　本当に悪い子だよ。牛に誓って、お前は私の息子だよ。

16. マイヤー・モーヒン・ダーウ・バホット・キジャーヤウ

マイヤー　モーヒン　ダーウ　バホット　キジャーヤウ
モーサウン　カハト　モール　カウ　リーナウ
　　　　トゥー　ジャスマティ　カブ　ジャーヤウ
カハー　カラウン　イヒ　リス　ケ　マーライン
　　　　ケーラン　ハウン　ナヒン　ジャート
プニプニ　カハト　カウン　ハェ　マーター
　　　　コー　ハェ　テーラウ　タート
ゴーレー　ナンド　ジャソーダー　ゴーリー
　　　　トゥー　カト　スャーマル　ガート
チュトキー　ダイダイ　グワール　ナチャーワト
　　　　ハンサト　サバイ　ムスカート
トゥー　モーヒン　カウン　マーラン　スィーキー
　　　　ダーウヒン　カブフーン　ナ　キージャウ
モーハン　ムク　リス　キ　イェ　バータイン
　　　　ジャスマティ　スニスニ　リージャイ
スンフ　カーナ　バルバドラ　チャバーイー
　　　　ジャンマト　ヒ　コー　ドゥート
スール　スャーム　モーヒ　ゴーダン　キ　サウン
　　　　ハウン　マーター　トゥー　プート

16. MAIYĀ MOHIN DĀU BAHOT KHIJHĀYAU

SŪRDĀS "SŪRSĀGAR"

MAIYĀ MOHIN DĀU BAHOT KHIJHĀYAU
MOSAUN KAHAT MOL KAU LĪNHAU,
TŪ JASUMATI KAB JĀYAU
KAHĀ KARAUN IHI RIS KE MĀRAIN
KHELAN HAUN NAHIN JĀT
PUNI-PUNI KAHAT KAUN HAI MĀTĀ,
KO HAI TERAU TĀT
GORE NAND JASODĀ GORĪ
TŪ KAT SYĀMAL GĀT
CHUṮKĪ DAI-DAI GWĀL NACHĀWAT,
HANSAT SABAI MUSUKĀT
TŪ MOHĪN KAUN MĀRAN SĪKHĪ,
DĀUHIN KABHŪN NA KHĪJHAI
MOHAN MUKH RIS KI YE BĀTEIN,
JASUMATI SUNI-SUNI RĪJHAI
SUNAHU KĀNH, BALBHADR CHABĀĪ,
JANMAT HI KO DHŪT
SŪR SYĀM MOHI GODHAN KI SAUN,
HAUN MĀTĀ TŪ PŪT

17.खेलत मैं को काको गुसैयाँ

सूरदास 'सूरसागर' से

खेलत मैं को काको गुसैयाँ।
हरि हारे जीते सुदामा, बरबस हीं कत करत रिसैयाँ।
जाति पाँति हमतैं बड़ नाहीं, नाहीं बसत तुम्हारी छैयाँ।
अति अधिकार जनावत यातैं जातैं अधिक तुम्हारे गैयाँ।
रूठहि करै तासौं को खेलै, रहे बैठि जहँ-तहँ ग्वैयाँ।
सूरदास प्रभु खेल्यौइ चाहत, दाउँ दियौ करि नंद-दुहैयाँ॥

17. 勝ち負け

スールダース「スールサーガル」より

遊びに勝ち負けはつきものだ。

クリシュナが負け、スダーマー[i]が勝った。

どうしてそんなに怒ってるんだい?
生まれも育ちも僕よりいいわけじゃないだろう。

君のお世話になってるわけでもない。君の家には
多くの牛がいるから、僕よりも偉いというわけかい?

遊びで怒り出すような子と誰が遊びたがる?
そう言って友達はみんな座り込んでしまった。

スールダース曰く、クリシュナはそれでも遊びたかったから、
ナンドに助けを求めた。

---

i クリシュナの親友。

17. ケーラト・マエン・コー・カーコー・グサイヤーン

ケーラト　マエン　コー　カーコー　グサイヤーン
ハリ　ハーレー　ジーテー　スダーマー
　　　バルバス　ヒーン　カト　カラト　リサイヤーン
ジャーティ　パーンティ　ハムタイン　バル　ナーヒーン
　　　ナーヒーン　バサト　トゥマーリー　チャイヤーン
アティ　アディカール　ジャナーワト　ヤータイン
　　　ジャータイン　アディク　トゥマーレー　ガイヤーン
ルートヒ　カライ　ターサウン　コ　ケーライ
　　　ラヘー　バイティ　ジャハンタハン　グワイヤーン
スールダース　プラブ　ケーリヤウイ　チャーハト
　　　ダーウン　ディヤウ　カリ　ナンドドゥハイヤーン

17. KHELAT MAIN KO KĀKO GUSAIYĀN

SŪRDĀS "SŪRSĀGAR"

KHELAT MAIN KO KĀKO GUSAIYĀN
HARI HĀRE JĪTE SUDĀMĀ,
BARBAS HĪN KAT KARAT RISAIYĀN
JĀTI PĀNTI HAMTAIN BAR NĀHĪN,
NĀHĪN BASAT TUMHĀRĪ CHHAIYĀN
ATI ADHIKĀR JANĀWAT YĀTAIN
JĀTAIN ADHIK TUMHĀRE GAIYĀN
RŪTHHI KARAI TĀSAUN KO KHELAI,
RAHE BAITHI JAHAN-TAHAN GWAIYĀN
SŪRDĀS PRABHU KHELYAUI CHĀHAT,
DĀUN DIYAU KARI NAND-DUHAIYĀN

18.मैया री, मोहिं माखन भावै

सूरदास 'सूरसागर' से

मैया री, मोहिं माखन भावै।
जो मेवा पकवान कहति तू, मोहिं नहीं रुचि आवै।
ब्रज-जुवती इक पाछै ठाढ़ी, सुनत स्याम की बात।
मन-मन कहति कबहुँ अपनैं घर, देखौं माखन खात।
पेठे जाइ मथनियाँ कैं ढिग, मैं तब रहौं छपानी।
सूरदास प्रभु अंतरजामीं ग्वालिनि मन की जानी॥

18. バター

スールダース「スールサーガル」より

お母さん、僕、バター大好きだよ。

果物や揚げ物を食べなさいと言われても興味がないよ。

１人の牧女が後ろでクリシュナの話を聞いていた。
そして心の中で考えていた。

この子がバターを食べているところを見れたら
どんなに幸せだろう！

クリシュナがバター壺のそばに座ると、
女性は隠れてその様子を覗いた。

スールダース曰く、クリシュナは牧女の心を読んだのであった。

18. マイヤー・リー・モーヒン・マーカン・バーワイ

マイヤー　リー　モーヒン　マーカン　バーワイ
ジョー　メーワー　パクワーン　カハティ　トゥー
　　　モーヒン　ナヒーン　ルチ　アーワイ
ブラジジュワティー　イク　パーチャウ　ターリー
　　　スナト　スャーム　キ　バート
マンマン　カハティ　カブフン　アプナイン　ガル
　　　デーカウン　マーカン　カート
ペーテー　ジャーイ　マトニヤーン　カイン　ディグ
　　　マイン　タブ　ラハウン　チャパーニー
スールダース　プラブ　アンタルジャーミーン
　　　グワーリニ　マン　キー　ジャーニー

18. MAIYĀ RĪ, MOHIN MĀKHAN BHĀWAI

SŪRDĀS "SŪRSĀGAR"

MAIYĀ RĪ, MOHIN MĀKHAN BHĀWAI
JO MEWĀ PAKWĀN KAHATI TŪ,
MOHIN NAHĪN RUCHI ĀWAI
BRAJ-JUWATĪ IK PĀCHAI THĀRHĪ,
SUNAT SYĀM KI BĀT
MAN-MAN KAHATI KABHUN APNAIN GHAR,
DEKHAUN MĀKHAN KHĀT
PETHE JĀI MATHNIYĀN KAIN DHIG,
MAIN TAB RAHAUN CHHAPĀNĪ
SŪRDĀS PRABHU ANTARJĀMĪN
GWĀLINI MAN KI JĀNĪ

19. मैया मैं नहिं माखन खायौ

सूरदास 'सूरसागर' से

मैया मैं नहिं माखन खायौ।
ख्याल परैं ये सखा सबै मिलि, मेरैं मुख लपटायौ।
देखि तुहीं सीं कै पर भाजन, ऊँचे धरि लटकायौ।
हौं जु कहत नान्हे कर अपनैं मैं कैसें करि पायौ।
मुख दधि पोंछि, बुद्धि इक कीन्ही, दोना पीठि दुरायौ।
डारि साँटि मुसुकाइ जसोदा, स्यामहिं कंठ लगायौ।
बाल-बिनोद मोद मन मोह्यौ, भक्ति प्रताप दिखायौ।
सूरदास जसुमत कौ यह सुख, सिव बिरंचि नहिं पायौ॥

19.バター泥棒

スールダース「スールサーガル」より

お母さん、僕はバターを食べてないよ。

友達が僕の顔にバターを塗ったんだ。

ほら、お母さんがバター壺を天井から吊り下げたじゃない。

あんな高いところ、僕の短い手じゃあ届かないでしょ。

クリシュナは顔のバターを拭って、背中の後ろに匙を隠した。

ヤショーダーはクリシュナの可愛らしさを見て
怒りを鎮め、抱きしめた。

クリシュナは神々しい威光と、
幼い仕草でもってヤショーダーの心を鎮めた。

スールダース曰く、ヤショーダーの享受している喜びは、
シヴァ神やブラフマー神[i]でも享受できないだろう。

---

i シヴァもブラフマーもヒンドゥー教の三大神。

19. マイヤー・マエン・ナヒン・マーカン・カーヤウ

マイヤー　マエン　ナヒン　マーカン　カーヤウ
カヤール　パライン　イェ　サカー　サバイ　ミリ
　　メーライン　ムク　ラプターヤウ
デーキ　トゥヒーン　スィーン　カイ　パル　バージャン
　　ウーンチェー　ダーリ　ラトカーヤウ
ハウン　ジュ　カハト　ナーネー　カル　アプナイン
　　マイン　カイセーン　カリ　パーヤウ
ムク　ダディ　ポーンチ　ブッディ　イク　キーニー
　　ドーノー　ピーティ　ドゥラーヤウ
ダーリ　サーンティ　ムスカーイ　ジャソーダー
　　スャーマヒン　カント　ラガーヤウ
バールビノード　モード　マン　マーヒャウン
　　バクティ　プラタープ　ディカーヤウ
スールダース　ジャスマト　カウ　イェ　スク
　　スィヴ　ビランチ　ナヒン　パーヤウ

19. MAIYĀ MAIN NAHIN MĀKHAN KHĀYAU

SŪRDĀS "SŪRSĀGAR"

MAIYĀ MAIN NAHIN MĀKHAN KHĀYAU
KHYĀL PARAIN YE SAKHĀ SABAI MILI,
        MERAIN MUKH LAPTĀYAU
DEKHI TUHĪN SĪN KAI PAR BHĀJAN,
        ŪNCHE DHARI LATKĀYAU
HAUN JU KAHAT NĀNHE KAR APANAIN
        MAIN KAISEN KARI PĀYAU
MUKH DADHI PONCHHI, BUDDHI IK KĪNHĪ,
        DONO PĪTHI DURĀYAU
DĀRI SĀNTI MUSUKĀI JASODĀ,
        SYĀMHIN KANTH LAGĀYAU
BĀL-BINOD MOD MAN MOJHYAU,
        BHAKTI PRATĀP DIKHĀYAU
SŪRDĀS JASUMAT KAU YEH SUKH,
        SIV BIRANCHI NAHIN PĀYAU

20.अवधेस के द्वारे सकारे गई

तुलसीदास 'कवितावली' से

अवधेस के द्वारे सकारे गई, सुत गोद कै भूपति लै निकले।
अवलोकिहौं सोच-बिमोचन को ठगि सी रही, जे न ठगे धिक से॥
तुलसी, मनरंजन रंजित अंजन नयन सुखंजन-जातक से।
सजनी ससि में समसील उभै नवनील सरोरुह से बिकसे॥

20. 城門

トゥルスィーダース「カヴィターワリー」[i]

私は今朝、アワド城[ii]の門に行ったの。

そのとき王様[iii]が王子様[iv]を抱いて外に出て来られたの。

その美しい赤ちゃんを見た途端、心を奪われてしまったわ。

カージャル[v]で彩られたその目はセキレイの雛のようだったわ。

まるで月の中に２つの青い蓮が咲いたようだったわ。

---

i トゥルスィーダースは16～17世紀の詩人。二大叙事詩のひとつ「ラーマーヤナ」を翻訳・翻案した「ラームチャリト・マーナス」や「カヴィターワリー」などの著作をアワディー語（ヒンディー語の一方言）やブラジ語で著した。

ii ラーム王子の居城。アヨーディヤーとも言う。

iii ラーム王子の父、ダシャラト王のこと。

iv ラーム王子。ヴィシュヌ神の化身のひとつとされる。インド人に最も人気のある神様の１人。

v 目のふちに塗る黒い煙油。

20.アウデース・ケ・ドワーレー・サカーレー・ガイー

アウデース　ケ　ドワーレー　サカーレー　ガイー
　　　　スト　ゴード　カイ　ブーパティ　ライ　ニクレー
アウローキハウン　ソーチビモーチャン　コ　タギ　スィー　ラヒー
　　　　ジェー　ナ　タゲー　ディク　セ
トゥルスィー　マンランジャン　ランジト　アンジャン　ナヤン
　　　　スカンジャンジャータク　セ
サジニー　サスィ　メン　サムスィール　ウバイ　ナウニール
　　　　サロールフ　セ　ビクセー

20. AWDHES KE DWĀR SAKĀRE GAĪ

TULSĪDĀS "KAVITĀWALĪ"

AWDHES KE DWĀR SAKĀRE GAĪ,
SUT GOD KAI BHŪPATI LAI NIKLE
AWLOKIHAUN SOCH-BIMOCHAN KO THAGI SI RAHĪ,
JE NA THAGE DHIK SE
TULSĪ, MANRANJAN RANJIT ANJAN
NAYAN SUKHANJAN-JĀTAK SE
SAJNĪ SASI MEN SAMSĪL UBHAI
NAVNĪL SARORUH SE BIKSE

21.पग नूपुर औ पहुँची करकंजनि

तुलसीदास 'कवितावली' से

पग नूपुर औ पहुँची करकंजनि, मंजु बनी मनिमाल हिये।
नवनील कलेवर पीत झँगा झलकैं, पुलकैं नृप गोद लिये॥
अरबिंद सो आनन, रूपमरंद अनन्दित लोचन-भृंग पिये।
मन मों न बस्यौ अस बालक जौं तुलसी जग में फल कौन जिये॥

21. 足飾り

トゥルスィーダース「カヴィターワリー」

その子は足に足飾りを、手に手首飾りを、
首に宝石の首飾りを身に着けていたわ。

咲いたばかりの青い蓮のような
きれいな身体は青い服に包まれていたわ。

こんなにかわいい子供を抱いて、
王様はとても嬉しそうだったわ。

蜂が蓮の蜜に吸い寄せられるように、
私の目はその子の顔に吸い寄せられてしまったわ。

トゥルスィーダース曰く、もしこんなかわいい子供を見て
何とも思わないなら、この世に生きている価値はない。

21. パグ・ヌープル・アウ・パフンチー・カルカンジャニ

パグ　ヌープル　アウ　パフンチー　カルカンジャニ
　　マンジュ　バニー　マニマール　ヒエー
ナウニール　カレーワル　ピート　ジャンガー　ジャルカイン
　　プルカイン　ヌリプ　ゴード　リエー
アルビンド　ソー　アーナン　ループマランド　アナンディト
　　ローチャンブリング　ピエー
マン　モーン　ナ　バスャウン　アス　バーラク　ジャウン
　　トゥルスィー　ジャグ　メン　パル　カウン　ジエー

21. PAG NŪPUR AU PAHONCHĪ KARKANJANI

TULSĪDĀS "KAVITĀWALĪ"

PAG NŪPUR AU PAHONCHĪ KARKANJANI,
MANJU BANĪ MANIMĀL HIYE
NAVNĪL KALEWAR PĪT JHANGĀ JHALAKAIN,
PULKAIN NRIP GOD LIYE
ARBIND SO ĀNAN, RŪPMARAND
ANANDIT LOCHAN-BHRING PIYE
MAN MON NA BASYAU AS BĀLAK JAUN
TULSĪ JAG MEN PHAL KAUN JIYE

22. कबहूँ ससि माँगत आरि करैं

तुलसीदास 'कवितावली' से

कबहूँ ससि माँगत आरि करैं, कबहूँ प्रतिबिंब निहारि डरैं।
कबहूँ करताल बजाइ कै नाचत, मातु, सबै मन मोद भरैं॥
कबहूँ रिसिआइ कहैं हठि कै, पुनि लेत सोई जेहि लागि अरैं।
अवधेस के बालक चारि सदा तुलसी-मन-मन्दिर में बिहरैं॥

22. おねだり

トゥルスィーダース「カヴィターワリー」

月が欲しいと駄々をこねたり、
　　　自分の影を見て怖がったり、拍手をして踊ったり、

その姿を見てお母さんや周りの皆は嬉しくて仕方がない。

怒って何かを言ったり、欲しいものを手に入れて喜んだり。

トゥルスィーダース曰く、アヨーディヤーの王様の４人の王子[i]が、
　　　私の心の中にいつまでも住み続けますように。

i ダシャラト王には３人の后がおり、双子を含む４人の王子が生まれた。ラーム王子は長男。

22. カブフーン・サスィ・マーンガト・アーリ・カライン

カブフーン　サスィ　マーンガト　アーリ　カライン
　　カブフーン　プラティビンブ　ニハーリ　ダライン
カブフーン　カルタール　バジャーイ　カイ　ナーチャト
　　マートゥ　サバイ　マン　モード　バライン
カブフーン　リスィアーイ　カハイン　ハティ　カイ
　　プニ　レート　ソーイー　ジェーヒ　ラーギ　アライン
アウデース　ケ　バーラク　チャーリ　サダー
　　トゥルスィーマンマンディル　メン　ビハライン

22. KABHŪN SASI MĀNGAT ĀRI KARAIN

TULSĪDĀS "KAVITĀWALĪ"

KABHŪN SASI MĀNGAT ĀRI KARAIN,
    KABHŪN PRATIBIMB NIHĀRI DARAIN
KABHŪN KARTĀL BAJĀI KAI NĀCHAT,
    MĀTU, SABAI MAN MOD BHARAIN
KABHŪN RISIĀI KAHAIN HATHI KAI,
    PUNI LET SOĪ JEHI LĀGI ARAIN
AWDHES KE BĀLAK CHĀRI SADĀ
    TULSĪ-MAN-MANDIR MEN BIHARAIN

जापान-भारत के लोरीगीत

मौसम एवं प्रकृति-संबंधी गीत

季節と自然の歌

23. さくらさくら

日本古謡

さくらさくら
野山も里も
見渡すかぎり
かすみか雲か
朝日ににおう
さくらさくら
花盛り

さくらさくら
やよいの空は
見渡すかぎり
かすみか雲か
においぞ出ずる
いざやいざや
見にゆかん

23.साकूरा साकूरा [i]

जापानी लोकगीत

साकूरा ही साकूरा है
पहाड़ भर गाँव भर
जिधर देखिए
कुहरा-सी, बादल-सी
सुबह की किरणों को महकाते हुए
साकूरा ही साकूरा है
फूलों का मौसम है

साकूरा ही साकूरा है
वसंत का गगन
जिधर देखिए
कुहरा-सी, बादल-सी
महक से भरा हुआ है
अब चलें
साकूरा देखने

---

[i] गिलास की जाति का वृक्ष जिसका हलके-हलके गुलाबी रंग के फूल वसंत में खिलते हैं। *साकूरा* जापान का राष्ट्रीय फूल है।

23.साकूरा साकूरा

साकूरा साकूरा
नोयामा मो सतो मो
मिवातासु कगिरि
कसुमि का कुमो का
असहि नि निओउ
साकूरा साकूरा
हनाज़ाकारि

साकूरा साकूरा
ययोइ नो सोरा वा
मिवातासु कगिरि
कसुमि का कुमो का
निओइज़ो इज़ुरु
इज़ाया इज़ाया
मिनियुकान

23. SAKURA SAKURA

Japanese Traditional

SAKURA SAKURA
NOYAMA MO SATO MO
MIWATASU KAGIRI
KASUMI KA KUMO KA
ASAHI NI NIOU
SAKURA SAKURA
HANAZAKARI

SAKURA SAKURA
YAYOI NO SORA WA
MIWATASU KAGIRI
KASUMI KA KUMO KA
NIOIZO IZURU
IZAYA IZAYA
MINI YUKAN

24.雨

北原白秋

雨がふります　雨がふる
遊びにいきたし　傘はなし
紅緒のお下駄も緒が切れた

雨がふります　雨がふる
いやでもお家で　遊びましょう
千代紙折りましょう　たたみましょう

雨がふります　雨がふる
けんけん小雉子が今啼いた
小雉子も寒むかろ　寂しかろ

雨がふります　雨がふる
お人形寝かせどまだ止まぬ
お線香花火もみな焚いた

雨がふります　雨がふる
昼もふるふる　夜もふる
雨がふります　雨がふる

24. बारिश

किताहारा हकुशू

(अनुवाद: अनीता सचिदानन्द)

बारिश होती है, होती है बारिश
खेलने जाना चाहता हूँ पर छाता नहीं
लाल डोर की खड़ाऊँ और उसकी भी डोर टूटी

बारिश होती है, होती है बारिश
मन को भाता तो नहीं पर चलो घर में ही खेलें
रंगीन डिजाइन वाले काग़ज़ को ही चलो भोड़ें

बारिश होती है, होती है बारिश
अभी कोकिजी पक्षी का केन-केन रोना
कोकिजी का भी सर्दी में अकेला होना

बारिश होती है, होती है बारिश
आतिशबाज़ी भी सब जल गईं
गुड़िया को सुला दो रुकेगी न ये बारिश

बारिश होती है, होती है बारिश
दिन में होती है, होती रात में भी
होती है बारिश, बारिश होती है

24. अमे

अमे गा फ़ुरिमासु अमे गा फ़ुरु
असोबि नि इकिताशि कसा वा नशि
बेनिओ नो ओगेता मो ओ गा किरेता

अमे गा फ़ुरिमासु अमे गा फ़ुरु
इ़या देमो ओउचि दे असोबिमाशो
चियोगामि ओरिमाशो ततामिमाशो

अमे गा फ़ुरिमासु अमे गा फ़ुरु
केन केन कोकिजि गा इमा नाइता
कोकिजि मो समुकारो सबिशिकारो

अमे गा फ़ुरिमासु अमे गा फ़ुरु
ओनिनग्यो नेकासेदो मदा यमानु
ओसेनको हनाबि मो मिना ताइता

अमे गा फ़ुरिमासु अमे गा फ़ुरु
हिरु मो फ़ुरु फ़ुरु योरु मो फ़ुरु
अमे गा फ़ुरिमासु अमे गा फ़ुरु

24. AME

Kitahara Hakushu

AME GA FURIMASU AME GA FURU
ASOBI NI IKITASHI KASA WA NASHI
BENIO NO OGETA MO O GA KIRETA

AME GA FURIMASU AME GA FURU
IYADEMO OUCHI DE ASOBIMASHO
CHIYOGAMI ORIMASHO TATAMIMASHO

AME GA FURIMASU AME GA FURU
KENKEN KOKIJI GA IMA NAITA
KOKIJI MO SAMUKARO SABISHIKARO

AME GA FURIMASU AME GA FURU
ONINGYO NEKASEDO MADA YAMANU
OSENKO HANABI MO NIMA TAITA

AME GA FURIMASU AME GA FURU
HIRU MO FURUFURU YORU MO FURU
AME FA FURIMASU AME GA FURU

25.海

文部省唱歌

海は広いな　大きいな

月が昇るし　日が沈む

海は大波　青い波

揺れてどこまで　続くやら

海にお船を浮かばせて

行ってみたいな　よその国

25.समुद्र

शिक्षा मंत्रालय गीत

समुद्र विशाल और महान है
चाँद उभरता है सूरज डूबता है

समुद्र में बड़ी लहरें, नीली लहरें
लहरते लहरते कहाँ तक जाती हैं

समुद्र में जहाज़ तैराकर
जाना चाहता हूँ दूसरे देश

25.उमि

उमि वा हिरोइ ना ओकीना
त्सुकि गा नोबोरुशि हि गा सिज़ुमु

उमि वा ओनमि अओइ नमि
युरेते दोकोमादे त्सुज़ुकुयारा

उमि नि ओफ़ुने ओ उकाबासेते
इत्ते मिताइ ना योसो नो कुनि

25.UMI

The Ministry of Education

UMI WA HIROI NA OKINA
TSUKI GA NOBORU SHI HI GA SIZUMU

UMI WA ONAMI AOI NAMI
YURETE DOKOMADE TSUZUKU YARA

UMI NI OFUNE O UKABASETE
ITTE MITAI NA YOSO NO KUNI

26.雪

文部省唱歌

雪やこんこ　あられやこんこ

降っては降っては　ずんずん積もる

山も野原も　綿帽子かぶり

枯れ木残らず　花が咲く

雪やこんこ　あられやこんこ

降っても降っても　まだ降り止まぬ

犬は喜び　庭駆け回り

猫はこたつで　丸くなる

26.बर्फ़

शिक्षा मंत्रालय गीत

बर्फ़ आ जा और गिर जा
गिरते गिरते ढेर हो रही है
पहाड़ भी मैदान भी रूई की टोपी पहने हैं
और सूखे पेड़ों पर सफ़ेद फूल खिले हैं

बर्फ़ आ जा और गिर जा
इतनी पड़ गई फिर भी नहीं रुकती
कुत्ता ख़ुशी के मारे आँगन में दौड़ता फिर रहा है
बिल्ली *कोतात्सु*[i] के अंदर उकड़ूँ बैठी है

---

[i] चार पायों वाला काठ का एक चौकीनुमा ढाँचा जिसके भीतर कच्चे कोयले आदि की अंगीठी रही जाती है। जाड़े के दिनों में इसपर रज़ाई डालकर रज़ाई के अंदर तापते हैं। आजकल अंगीठी वाले की बजाय बिजली का स्टाव वाला अधिक प्रचलित है।

26.युकि

युकि या कोनको अरारे या कोनको
फ़ुत्तेवा फ़ुत्तेवा ज़ुनज़ुन त्सुमोरु
यमा मो नोहारा मो वताबोशि कबुरि
करेकि नोकोराज़ु हना गा सकु

युकि या कोनको अरारे या कोनको
फ़ुत्तेमो फ़ुत्तेमो मदा फ़ुरियामानु
इनु वा योरोकोबि निवा ककेमावारि
नेको वा कोतात्सु दे मरुकुनारु

26. YUKI

The Ministry of Education

YUKI YA KONKO ARARE YA KONKO
FUTTEWA FUTTEWA ZUNZUN TSUMORU
YAMA MO NOHARA MO WATABOUSHI KABURI
KAREKI NOKORAZU HANA GA SAKU

YUKI YA KONKO ARARE YA KONKO
FUTTEMO FUTTEMO MASA FURIYAMANU
INU WA YOROKOBI NIWA KAKEMAWARI
NEKO WA KOTATSU DE MARUKU NARU

27.बारिश की मस्ती

कुलदीप 'दीपा'

नीले अंबर के नीचे
जब गरज के बादल आएंगे
कुछ गोरे कुछ काले-काले
संग में बारिश लाएंगे।

चुन्नू, मुन्नू, नीलू
और बबली
मिलकर सभी नहाएंगे
छप-छप करके पानी में
खूब धमाल मचाएंगे।

पार्क के उस कोने में
जब पानी भर जाएगा
तब दौड़कर चुन्नू अपनी

कागज़ की नैया लाएगा
उस पर बैठ नीलू का गुड्डा
बबली के घर जाएगा
वहां से अपनी रानी गुड़िया
को संग लेकर आएगा।

छत की बरसाती के नीचे
उनका ब्याह रमाएंगे
मालपुओं और पकौड़ों की
खूब दावत उड़ाएंगे।

27. 雨の楽しさ

クルディープ・ディーパー

青い空の下に
雲が唸り声を上げながらやって来る
白い雲、黒い雲
雨を持ってやって来る

チュンヌー、ムンヌー、ニールー、
そしてバブリー
みんな一緒に雨を浴びるぞ
チャプチャプと雨の中で
大騒ぎするぞ

公園の隅に
水溜りができたら
チュンヌーは走って
紙の舟を持って来るだろう
その上にニールーの人形（男）が乗って
バブリーの家に向かうだろう
そこから自分の人形（女）を連れて
戻って来るだろう

そうしたら屋根裏部屋の下で
結婚式を挙げさせよう
マールプーアーとパコーラー[i]を食べて
パーティーをしよう

[i] マールプーアーもパコーラーもインドのスナック。

27. バーリシュ・キ・マスティー

ニーレー　アンバル　ケ　ニーチェー
ジャブ　ガラジュ　ケ　バーダル　アーエーンゲー
クチュ　ゴーレー　クチュ　カーレー・カーレー
サング　メン　バーリシュ　ラーエーンゲー

チュンヌー、ムンヌー、ニールー
アォル　バブリー
ミルカル　サビー　ナハーエーンゲー
チャプ・チャプ　カルケ　パーニー　メン
クーブ　ダマール　マチャーエーンゲー

パールク　ケ　ウス　コーネー　メン
ジャブ　パーニー　バル　ジャーエーガー
タブ　ダォルカル　チュンヌー　アプニー
カーガズ　キ　ナイヤー　ラーエーガー
ウス　パル　バェト　ニールー　カ　グッダー
バブリー　ケ　ガル　ジャーエーガー
ワハーン　セ　アプニー　ラーニー　グリヤー
コ　サング　レーカル　アーエーガー

チャト　キ　バルサーティー　ケ　ニーチェー
ウンカ　ビャー　ラマーエーンゲー
マールプオーン　アォル　パカォローン　キ
クーブ　ダーワト　ウラーエーンゲー

27. BĀRISH KI MASTĪ

KULDĪP DĪPĀ

NĪLE AMBAR KE NĪCHE
JAB GARAJ KE BĀDAL ĀENGE
KUCHH GORE KUCHH KĀLE-KĀLE
SANG MEN BĀRISH LĀENGE

CHUNNŪ, MUNNŪ, NĪLŪ
AUR BABLĪ
MILKAR SABHĪ NAHĀENGE
CHHAP-CHHAP KARKE PĀNĪ MEN
KHŪB DHAMĀL MACHĀENGE

PĀRK KE US KONE MEN
JAB PĀNĪ BHAR JĀEGĀ
TAB DAURKAR CHUNNŪ APNĪ
KĀGAZ KI NAIYĀ LĀEGĀ
US PAR BAITH NĪLŪ KA GUDDĀ
BABLĪ KE GHAR JĀEGĀ
WAHĀN SE APNĪ RĀNĪ GURIYĀ
KO SANG LEKAR ĀEGĀ

CHHAT KI BARSĀTĪ KE NĪCHE
UNKA BYĀH RAMĀENGE
MĀLPUON AUR PAKAURON KI
KHŪB DĀWAT URĀENGE

28. चंदा की थाली

कुलदीप 'दीपा'

मेरी गुड़िया का
मुखड़ा गोल-गोल
चंदा की थाली
गोल-गोल।

कल नानी
घर में आएगी
लड्डू पेड़े लाएगी
चंदा की थाली में गुड़िया
गप-गप लड्डू खाएगी।

28. 月のお皿

クルディープ・ディーパー

私のお人形の
顔は真ん丸
月のお皿も
真ん丸

明日お祖母さんが
家にやって来る
ラッドゥーやペーラー[i]を持って来る
月のお皿でお人形は
ムシャムシャとラッドゥーを食べるでしょう

---

i ラッドゥーもペーラーもインドのお菓子の名前。

28. チャンダー・キ・ターリー

メーリー　グリヤー　カ
ムクラー　ゴール・ゴール
チャンダー　キ　ターリー
ゴール・ゴール

カル　ナーニー
ガル　メン　アーエーギー
ラッドゥー　ペーレー　ラーエーギー
チャンダー　キ　ターリー　メン　グリヤー
ガプ・ガプ　ラッドゥー　カーエーギー

28. CHANDĀ KI THĀLĪ

KULDĪP DĪPĀ

MERĪ GURIYĀ KA
MUKHRĀ GOL-GOL
CHANDĀ KI THĀLĪ
GOL-GOL

KAL NĀNĪ
GHAR MEN ĀEGĪ
LADDŪ PERE LĀEGĪ
CHANDĀ KI THĀLĪ MEN GURIYĀ
GAP-GAP LADDŪ KHĀEGĪ

29. कमल

कुलदीप 'दीपा'

उगता सूरज देख
कमल मुस्काया
दोनों का रंग एक
यह कुदरत की माया।

सूरज की कोटि-कोटि किरणें
धरती पर बिखरीं
शतदल की पांख-पांख
खुलती ज्यों छतरी।

सूरज को करते जल अर्पण
कमल है खिलता जल में
इनकी मनोहारी कलाएं
करती आनंदित मन को।

29. 蓮の花

クルディープ・ディーパー

昇るお日様を見て
蓮の花は微笑んだ
２つとも同じ色
自然の不思議

お日様の光が
地上に降り注ぐ
蓮の花が開く
まるで傘のように

お日様に水を捧げながら
蓮の花は水の中で開く
その美しい光景が
心を魅了する

29. カマル

ウグター　スーラジ　デーク
カマル　ムスカーヤー
ドーノーン　カ　ラング　エーク
イェ　クドラト　キ　マーヤー

スーラジ　キ　コーティコーティ　キルネーン
ダルティー　パル　ビクリーン
シャトダル　キ　パーンクパーンク
クルティー　ジョーン　チャトリー

スーラジ　コ　カルテー　ジャル　アルパン
カマル　ハェ　キルター　ジャル　メン
インキ　マノーハーリー　カラーエーン
カルティー　アーナンディト　マン　コ

29. KAMAL

KULDĪP DĪPĀ

UGTĀ SŪRAJ DEKH
KAMAL MUSKĀYĀ
DONON KA RANG EK
YEH KUDRAT KI MĀYĀ

SŪRAJ KI KOTI-KOTI KIRNEN
DHARTĪ PAR BIKHRĪN
SHATDAL KI PĀNKH-PĀNKH
KHULTĪ JYON DHHATRĪ

SŪRAJ KO KARTE JAL ARPAN
KAMAL HAI KHILTĀ JAL MEN
INKI MANOHĀRĪ KALĀEN
KARTĪ ĀNANDIT MAN KO

30. हाथी की बात

शेरजंग गर्ग

हाथी की है बात महान
हाथी के हैं दाँत महान
भीतर भीतर खाने के हैं
बाहर सिर्फ़ दिखाने के हैं

30. 象さんの話

シェールジャング・ガルグ

象さんはとってもすごい

象さんの牙はとってもすごい

中の方に食べるための歯があって

外には見せびらかすための牙がある

30. ハーティー・キ・ハェ・バート・マハーン

ハーティー　キ　ハェ　バート　マハーン
ハーティー　キ　ハェ　ダーント　マハーン
ビータル　ビータル　カーネー　ケ　ハェン
バーハル　スィルフ　ディカーネー　ケ　ハェン

30. HĀTHĪ KI HAI BĀT MAHĀN

SHERJANG GARG

HĀTHĪ KI HAI BĀT MAHĀN
HĀTHĪ KE HAIN DĀNT MAHĀN
BHĪTAR BHĪTAR KHĀNE KE HAIN
BĀHAR SIRF DIKHĀNE KE HAIN

31. कितने तारे

शेरजंग गर्ग

आसमान में कितने तारे
कोई तो बतला दो प्यारे
चन्दा के संग चमका करते
टिमटिम टिमटिम दमका करते
आप न उनको गिन पाएँगे
दिल में तारे दिख जाएँगे

31. いくつのお星様

シェールジャング・ガルグ

空にはいくつのお星様

誰か教えて　お願いだから

お月様と一緒に　光ってる

キラキラキラキラ　光ってる

誰にも数えることはできないでしょう

頭がお星様だらけになっちゃうでしょう

31. キトネー・ターレー

アースマーン　メン　キトネー　ターレー
コーイー　トー　バトラー　ドー　ピャーレー
チャンダー　ケ　サング　チャムカー　カルテー
ティム　ティム　ティム　ティム　ダムカー　カルテー
アープ　ナ　ウンコ　ギン　パーエーンゲー
ディル　メン　ターレー　ディク　ジャーエーンゲー

31. KITNE TĀRE

SHERJANG GARG

ĀSM ĀN MEN KITNE TĀRE
KOĪ TO BATLĀ DO PYĀRE
CHANDĀ KE SANG CHAMKĀ KARTE
T̲IMT̲IM T̲IMT̲IM DAMKĀ KARTE
ĀP NA UNKO GIN PĀENGE
DIL MEN TĀRE DIKH JĀENGE

32. बगीचे में खेलें

राजा खुगशाल

बबलू बिट्टू बीनू मीनू
चलो बगीचे में खेलें
चिंटू पिंटू छोटू मोटू
को भी अपने संग ले लें

कोई संतरी कोई मंत्री
कोई अफसर कोई बाबू
झटपट पहरेदार करेगा
चोर उचक्कों को काबू

कोई चीटिंग नहीं करेगा
सब मेहनत से काम करेंगे
झूठ नहीं बोलेगा कोई
सच कहने से नहीं डरेंगे

क्रिकेट हॉकी खेलेंगे हम
क्रिकेट में चौके छक्के
चाहे पिच कैसी भी हो
अपने हैं सौ रन पक्के

32. 広場で遊ぼうよ

ラージャー・クグシャール

バブルー、ビットゥー、ビーヌー、ミーヌー
さあ、みんな、広場で遊ぼう
チントゥー、ピントゥー、チョートゥー、
　　　　モートゥーたちも呼ぼう

僕は歩哨役、君は大臣役
君は役人役、僕は地主役
直ちにパトロールを開始するぞ
泥棒を捕まえるぞ

ズルはしちゃ駄目だよ
みんな正々堂々と遊ぼう
嘘はついちゃ駄目だよ
本当のことを言うのを恐れないで

クリケットやホッケーで遊ぼう
クリケットなら４点ショットや６点ショット
地面がどんな状態でも
１００ランは絶対に取るぞ

32. バギーチェー・メン・ケーレーン

バブルー　ビットゥー　ビーヌー　ミーヌー
チャロー　バギーチェー　メン　ケーレーン
チントゥー　ピントゥー　チョートゥー　モートゥー
コ　ビー　アプネー　サング　レー　レーン

コーイー　サントリー　コーイー　マントリー
コーイー　アファサル　コーイー　バーブー
ジャトパト　パヘレーダール　カレーガー
チョール　ウチャッコーン　コ　カーブー

コーイー　チーティング　ナヒーン　カレーガー
サブ　メヘナト　セ　カーム　カレーンゲー
ジュート　ナヒーン　ボーレーガー　コーイー
サチュ　ケヘネー　セ　ナヒーン　ダレーンゲー

クリケート　ホーキー　ケーレーンゲー　ハム
クリケート　メン　チョウケー　チャッケー
チャーヘー　ピチ　カェスィー　ビー　ホー
アプネー　ハエン　サォ　ラン　パッケー

32. BAGĪCHE MEN KHELEN

RĀJĀ KHUGSHĀL

BABLŪ BITTŪ BĪNŪ MĪNŪ
CHALO BAGĪCHE MEN KHELEN
CHINTŪ PINTŪ CHHOTŪ MOTŪ
KO BHĪ APNE SANG LE LEN

KOĪ SANTRĪ KOĪ MANTRĪ
KOĪ AFSAR KOĪ BĀBŪ
JHATPAT PEHREDĀR KAREGĀ
CHOR UCHAKKON KO KĀBŪ

KOĪ CHĪTING NAHĪN KAREGĀ
SAB MEHNAT SE KĀM KARENGE
JHŪTH NAHĪN BOLEGĀ KOĪ
SACH KEHNE SE NAHĪN DARENGE

KRIKET HOKĪ KHELENGE HAM
KRIKET MEN CHAUKE CHHAKKE
CHĀHE PICH KAISĪ BHĪ HO
APNE HAIN SAU RAN PAKKE

जापान-भारत के लोरीगीत

आधुनिक लोरीगीत

現代の子守唄

33. तारे टिम-टिम

उर्मिल सत्यभूषण

तारे टिम-टिम करते हैं
आँखें झप-झप करते हैं
कहते इसको आजा रे
आजा, मुन्ना राजा रे
तारे झिलमिल करते हैं
बातें हिलमिल करते हैं
करें इशारा आजा रे
आजा हमें सुलाजा रे!
देखो, सो गये तारे
आँखें मूँदे सारे
कौन बजाये बाजा रे
अब सोजा मुन्ना राजा रे।

33. 星がキラキラ

ウルミル・サティヤブーシャン

星がチカチカ瞬いている
目をパチパチ瞬きしている
こっちへおいで、と呼んでいる
坊や、おいでよ、と呼んでいる
星がチカチカ瞬いている
みんなで内緒話をしている
こっちへおいで、と呼んでみようか
私たちを寝かせておくれ、と頼んでみようか
ほら、星も寝てしまった
みんな目をつむってしまった
もう誰も音を出そうともしない
さあ、坊や、もう寝る時間だよ

33. ターレー・ティムティム

ターレー　ティムティム　カルテー　ハェン
アーンケーン　ジャプ・ジャプ　カルテー　ハェン
ケヘテー　イスコ　アージャー　レー
アージャー、ムンナー　ラージャー　レー
ターレー　ジルミル　カルテー　ハェン
バーテーン　ヒルミル　カルテー　ハェン
カレーン　イシャーラー　アージャー　レー
アージャー　ハメーン　スラージャー　レー
デーコー、ソー　ガエー　ターレー
アーンケーン　ムーンデー　サーレー
カォン　バジャーエー　バージャー　レー
アブ　ソージャー　ムンナー　ラージャー　レー

33. TĀRE T̲IM-T̲IM

URMIL SATYABHŪS̲H̲AN̲

TĀRE T̲IM-T̲IM KARTE HAIN
ĀNKHEN JHAP-JHAP KARTE HAIN
KEHTE ISKO ĀJĀ RE
ĀJĀ, MUNNĀ RĀJĀ RE
TĀRE JHILMIL KARTE HAIN
BĀTEN HILMIL KARTE HAIN
KAREN ISHĀRĀ ĀJĀ RE
ĀJĀ HAMEN SULĀJĀ RE
DEKHO, SO GAYE TĀRE
ĀNKHEN MŪNDE SĀRE
KAUN BAJĀYE BĀJĀ RE
AB SOJĀ MUNNĀ RĀJĀ RE

34. निंदिया आई

उर्मिल सत्यभूषण

निंदिया आई धीरे धीरे,
हौले, हौले
पलकों पे उतरी धीरे धीरे
सपनों की चिड़िया पंखों को खोले
हौले, हौले
मेरी दुलारी को थपकी दे दे
होंठों की खिड़की से गुनगुन बोले
हौले, हौले
हंसती रोती जगती सोती
गुड़िया झूले नींद हिंडोले
हौले, हौले

34. だんだん眠たく

ウルミル・サティヤブーシャン

だんだん眠たくなって来た、ゆっくりと、ゆっくりと
瞼に眠気がやって来た、ゆっくりと
夢の小鳥が翼を広げる、ゆっくりと
私の愛娘を優しく叩いて
唇の窓から鼻歌を歌う、ゆっくりと
笑って、泣いて、起きて、眠って
人形が眠気の揺り篭を揺らす、ゆっくりと

34. ニンディヤー・アーイー

ニンディヤー　アーイー　ディーレー　ディーレー
　　　　ハォレー、ハォレー
パルコーン　ペ　ウトリー　ディーレー　ディーレー
サプノーン　キ　チリヤー　パンコーン　コ　コーレー
　　　　ハォレー、ハォレー
メーリー　ドゥラーリー　コ　タプキー　デー　デー
ホーントーン　キ　キルキー　セ　グングン　ボーレー
　　　　ハォレー、ハォレー
ハンスティー　ローティー　ジャグティー　ソーティー
グリヤー　ジューレー　ニーンド　ヒンドーレー
　　　　ハォレー、ハォレー

34. NINDIYĀ ĀĪ

URMIL SATYABHŪSHAN

NINDIYĀ ĀĪ DHĪRE DHĪRE,
HAULE, HAULE
PALKON PE UTARĪ DHĪRE DHĪRE,
SAPNON KI CHIRIYĀ PANKHON KO KHOLE
HAULE, HAULE
MERĪ DULĀRĪ KO THAPKĪ DE DE
HONTHON KI KHIRKĪ SE GUNGUN BOLE
HAULE, HAULE
HANSTĪ ROTĪ JAGTĪ SOTĪ
GURIYĀ JHŪLE NĪND HINDOLE
HAULE, HAULE

35. आजा री निंदिया

उर्मिल सत्यभूषण

आजा री निंदिया, जल्दी आ री!
मेरे ललन को आके सुला री!
ओ री पवन! झूला झुला री
मेरे ललन को आके सुला री!
ओ री! वंशी! लोरी गा री
मेरे ललन को आके सुला री!
ओ री परी! थक गया थपथपा री
मेरे ललन को आके सुला री!
अरी ओ री झींगुर, ज़रा गुनगुना री
मेरे ललन को आके सुला री।

35. 眠気よ、やって来い

ウルミル・サティヤブーシャン

眠気よ、やって来い、今すぐやって来い！
私の息子を寝かせておくれ！
これ、風よ！揺り篭を揺らしなさい
私の息子を寝かせておくれ！
これ、竹笛よ！子守唄を歌いなさい
私の息子を寝かせておくれ！
これ、妖精よ！叩き疲れてしまったわ
私の息子を寝かせておくれ！
これ、コオロギよ！ちょっと鳴きなさい
私の息子を寝かせておくれ！

35. アージャー・リー・ニンディヤー

アージャー　リー　ニンディヤー、ジャルディー　アー　リー！
メーレー　ララン　コ　アーケ　スラー　リー！
オー　リー　パワン！ジューラー　ジュラー　リー
メーレー　ララン　コ　アーケ　スラー　リー！
オー　リー！ローリー　ガー　リー
メーレー　ララン　コ　アーケ　スラー　リー！
オー　リー　パリー！タク　ガヤー　タプタパー　リー
メーレー　ララン　コ　アーケ　スラー　リー！
アリー　オー　リー　ジーングル、ザラー　グングナー　リー
メーレー　ララン　コ　アーケ　スラー　リー

35. ĀJĀ RĪ NINDIYĀ

URMIL SATYABHŪSHAN

ĀJĀ RĪ NINDIYĀ, JALDĪ Ā RĪ!
MERE LALAN KO ĀKE SULĀ RĪ!
O RĪ PAWAN! JHŪLĀ JHULĀ RĪ
MERE LALAN KO ĀKE SULĀ RĪ!
O RĪ! WANSHĪ! LORĪ GĀ RĪ
MERE LALAN KO ĀKE SULĀ RĪ!
O RĪ PARĪ! THAK GAYĀ THAPTHAPĀ RĪ
MERE LALAN KO ĀKE SULĀ RĪ!
A RĪ O RĪ JHĪNGUR, ZARĀ GUNGUNĀ RĪ
MERE LALAN KO ĀKE SULĀ RĪ!

36. नन्ही गुड़िया

उर्मिल सत्यभूषण

नन्हीं गुड़िया आई है
अभी बहुत सकुचाई है।
धीरे धीरे बोलेगी
राज़ बहुत से खोलेगी
जगती है, कभी सोती है
हंसती है और रोती है
जीवन में रस घोलेगी
जब घर भर में डोलेगी
धीरे धीरे बढ़ जायेगी
और खूब के पढ़ जायेगी
आसमान को छू लेगी
पर पहले पंख तोलेगी

36. 小さなお人形

ウルミル・サティヤブーシャン

小さなお人形がやって来た
まだとっても恥ずかしがってる
　　　小さなお声でしゃべるでしょう
　　　いろんな秘密をしゃべるでしょう
目を覚ましたり、眠ったり
笑ったり、泣いたり
　　　人生を彩るでしょう
　　　家中をうろつくでしょう
ゆっくりゆっくり大きくなるでしょう
いっぱいお勉強するでしょう
　　　空まで辿り着くでしょう
　　　でもまずは翼を整えるでしょう

36. ナンニー・グリヤー

ナンニー　グリヤー　アーイー　ハェ
アビー　バホト　サクチャーイー　ハェ
　　　　ディーレー　ディーレー　ボーレーギー
　　　　ラーズ　バホト　セ　コーレーギー
ジャグティー　ハェ、カビー　ソーティー　ハェ
ハンスティー　ハェ　アォル　ローティー　ハェ
　　　　ジーヴァン　メン　ラス　ドーレーギー
　　　　ジャブ　ガル　バル　メン　ドーレーギー
ディーレー　ディーレー　バル　ジャーエーギー
アォル　クーブ　ケ　パル　ジャーエーギー
　　　　アースマーン　コ　チュー　レーギー
　　　　パル　ペヘレー　パンク　トーレーギー

36. NANNHĪ GUṞIYĀ

URMIL SATYABHŪṢHAṆ

NANNHĪ GUṞIYĀ ĀĪ HAI
ABHĪ BAHOT SAKUCHĀĪ HAI
DHĪRE DHĪRE BOLEGĪ
RĀZ BAHOT SE KHOLEGĪ
JAGTĪ HAI, KABHĪ SOTĪ HAI
HANSTĪ HAI AUR ROTĪ HAI
JĪVAN MEN RAS DHOLEGĪ
JAB GHAR BHAR MEN ḌOLEGĪ
DHĪRE DHĪRE BAṞH JĀYEGĪ
AUR KHŪB KE PARH JĀYEGĪ
ĀSMĀN KO CHHŪ LEGĪ
PAR PEHLE PANKH TOLEGĪ

37. 息子へ、届けこの愛

保科輝之

息子から
純粋無垢の信頼を感じつつ

僕は今日も
それを振り払い
仕事に向かう

仕事場では
仕事に没頭するも
息子の顔が胸をかすめる一瞬
引き裂かれるような
かきむしられるような
心の内がとにかく冷静でいられなくなる

成長を続けていく
毎日の現場に
居合わせることのできない立場が
わかっていてもそれでも
はがゆい

僕が出掛ける時に
さよならの手はまだ振れず
腕振る息子

息子を抱き上げ
共に手を振ると大人達は
あの一歳半とは思えぬ
こむずかしげな顔を
観ることがあるだろうか

できることなら
共に手を振る側になりたい

こむずかしげな顔が
今
頭から離れない

息子よ
いつもの涼しげな笑顔へ
力いっぱい大地を踏みしめ、駆け出しそうにずんずん歩く
足どりへ
届けこの愛

37. बेटे के लिए, यह प्यार

होशिना तेरुयुकि

बेटे का
दूध का धुला विश्वास
एहसास करते हुए

आज भी मैं
उसे छोड़के
काम के लिए निकलता हूँ

दफ़्तर में
काम में लिप्त होते हुए भी
मन में बेटे का चेहरा छा जाता है
तब मन मानो तार तार हो जाता है
या नोच-खसोट हो जाता है
मन में से शांति मिट जाती है

बेटा दिन-ब-दिन, हर पल
बड़ा होता जाता है
मैं उसे सब नहीं देख पाता हूँ
अपनी स्थिति समझते हुए भी
मैं तड़पता हूँ

जापान-भारत के लोरीगीत

जब मैं घर से निकलता हूँ,
तो वह *सायोनारा* करता है,
पर वह हाथ नहीं हिला सकता,
इसलिए सारी बाँह हिलाता है

जो बेटे को गोद लेकर
साथ में हाथ हिलाते हैं,
क्या उन्होंने कभी देखा है
उस गंभीर चहेरे को
मानो वह डेढ़ साल का न हो

अगर हो सके
तो मैं भी साथ में
हाथ हिलाना चाहता हूँ

उसका गंभीर चेहरा
अब
मन से जाता नहीं

बेटे
तुम्हारे मुसकान के लिए
तुम्हारी डौरती-हुई-सी चाल के लिए
यह प्यार तुम्हें पहुँचाता हूँ

37. मुसुको ए तोदोके कोनो आइ

मुसुको करा
जुनसुइ मुकु नो शिनराइ ओ कनजित्सुत्सु

बोकु वा क्यो मो
सोरे ओ फ़ुरिहाराइ
शिगोतो नि मुकाउ
शिगोतोबा देवा
शिगोतो नि बोत्तो सुरुमो
मुसुको नो काओ गा मुने ओ कसुमेरु इश्शुन
हिकिसाकारेरु योना
ककिमुशिरारेरु योना
कोकोरो नो उचि गा तोनिकाकु रेसे दे इरारेनाकु नरु

सेचो ओ त्सुज़ुकेते इकु
माइनिचि नो गेम्बा नि
इआवासेरु कोतो नो देकिनाइ तचिबा गा
वकात्ते इतेमो सोरेदेमो
हगायुइ

बोकु गा देकाकेरु तोकि नि
सयोनारा नो ते वा मदा फ़ुरेज़ु
उदे फ़ुरु मुसुको
मुसुको ओ दकिआगे
तोमो नि ते ओ फ़ुरुतो ओतोनाताचि वा
अनो इस्साइ हन तोवा ओमोएनु
कोमुज़ुकाशिगेना काओ ओ
मिरु कोतो गा अरुदारोका

देकिरु कोतो नरा
तोमो नि ते ओ फ़ुरु गवा नि नरिताइ

कोमुज़ुकाशिगेना काओ गा
इमा
अतामा करा हनारेनाइ

मुसुको यो
इत्सुमो नो सुज़ुशिगेना एगाओ ए
चिकारा इप्पाइ दाइचि ओ फ़ुमिशिमे, ककेदाशिसो नि ज़ुनज़ुन अरुकु अशिदोरि ए
तोदोके कोनो आइ

37. MUSUKO E TODOKE KONO AI

Hoshino Teruyuki

MUSUKO KARA
JUNSUIMUKU NO SHINRAI O KANJITSUTSU

BOKU WA KYOU MO
SORE O FURIHARAI
SHIGOTO NI MUKAU

SHIGOTOBA DEWA
SHIGOTO NI BOTTOU SURUMO
MUSUKO NO KAO GA MUNE O KASUMERU ISSHUN
HIKISAKARERU YOUNA
KAKIMUSHIRARERU YOUNA
KOKORO NO UCHI GA TONIKAKU
REISEI DE IRARENAKUNARU

SEICHOU O TSUZUKETEIKU
MAINICHI NO GEMBA NI
IAWASERUKOTO NO DEKINAI TACHIBA GA
WAKATTEITEMO SOREDEMO
HAGAYUI

BOKU GA DEKAKERU TOKI NI
SAYONARA NO TE WA MADA FUREZU
UDE FURU MUSUKO

MUSUKO O DAKIAGE
TOMO NI TE WO FURU TO OTONATACHI WA
ANO ISSAIHAN TOWA OMOENU
KOMUZUKASHIGE NA KAO WO

MIRUKOTO GA ARUDAROUKA

DEKIRUKOTO NARA
TOMO NI TE WO HURU GAWA NI NARITAI

KOMUZUKASHIGE NA KAO GA
IMA
ATAMA KARA HANARENAI

MUSUKO YO
ITSUMO NO SUZUSHIGENA EGAO E
CHIKARA IPPAI DAICHI O FUMISHIME,
KAKEDASHISOU NI ZUNZUN ARUKU ASHIDORI E
TODOKE KONO AI

38. हम बच्चे दुनिया से खेलेंगे

तकाकुरा योशिओ

हम बच्चे दुनिया से खेलेंगे
हम समझे दुनिया खिलौना है
क्यों हमें खिलौने देते हैं

उँगली खिलौना है, नाक खिलौना है
बाल खिलौना है, सब खिलौना है
आप हमें नहीं खिलाते हैं
हम ही आपको खिलाते हैं

देखना खेल है, सूँघना खेल है
छूना खेल है, सब खेल है
हमें गाना सुनाते हैं हँसाते हैं
पर ख़ुशियाँ हम देते हैं

कबूतर दोस्त है, छिपकली दोस्त है
चूहा दोस्त है, सब दोस्त है
बचे हुए को बच्चे कहते हैं
हम आपको सिखाते हैं

हम बच्चे दुनिया से खेलेंगे
हम बच्चे सपने से भी खेलेंगे...

38. 僕たち子供たち　世界で遊ぶんだ

高倉嘉男

僕たち子供たち
世界で遊ぶんだ
僕たちは知ってる　世界が玩具だってことを
どうして僕たちに玩具をくれるの？

指も玩具だし、鼻も玩具だし
髪も玩具だし、全てが玩具
僕たちが遊んでもらってるんじゃないよ
僕たちが遊んであげてるんだよ

見ることも遊び、嗅ぐことも遊び
触ることも遊び、全てが遊び
歌を歌ってくれても、笑わせてくれても
喜びは僕たちが与えてる

鳩も友達、イモリも友達
鼠も友達、全てが友達
残った存在を子供と言う
僕たちがみんなに教えてる

僕たち子供たち
世界で遊ぶんだ
僕たち子供たち
夢でも遊ぶんだ

38. ハム・バッチェー・ドゥニヤー・セ・ケーレーンゲー

ハム　バッチェー　ドゥニヤー　セ　ケーレーンゲー
ハム　サムジェー　ドゥニヤー　キラォナー　ハェ
キョーン　ハメー　キラォネー　デーテー　ハェン

ウングリー　キラォナー　ハェ　ナーク　キラォナー　ハェ
バール　キラォナー　ハェ　サブ　キラォナー　ハェ
アープ　ハメー　ナヒーン　キラーテー　ハェン
ハム　ヒ　アープコ　キラーテー　ハェン

デークナー　ケール　ハェ　スーングナー　ケール　ハェ
チューナー　ケール　ハェ　サブ　ケール　ハェ
ハメー　ガーナー　スナーテー　ハェン　ハンサーテー　ハェン
パル　クシヤーン　ハム　デーテー　ハェン

カブータル　ドースト　ハェ　チプカリー　ドースト　ハェ
チューハー　ドースト　ハェ　サブ　ドースト　ハェ
バチェー　フエー　コ　バッチェー　ケヘテー　ハェン
ハム　アープコ　スィカーテー　ハェン

ハム　バッチェー　ドゥニヤー　セ　ケーレーンゲー
ハム　バッチェー　サプネー　セ　ビー　ケーレーンゲー・・・

38. HAM BACHCHE DUNIYĀ SE KHELENGE

Takakura Yoshio

HAM BACHCHE DUNIYĀ SE KHELENGE
HAM SAMJHE DUNIYĀ KHILAUNĀ HAI
KYON HAMEN KHILAUNE DETE HAIN

UNGLĪ KHILAINĀ HAI, NĀK KHILAUNA HAI
BĀL KHILAUNĀ HAI, SAB KHILAUNĀ HAI
ĀP HAMEN NAHĪN KHILĀTE HAIN
HAM HI ĀPKO KHILĀTE HAIN

DEKHNĀ KHEL HAI, SŪNGHNĀ KHEL HAI
CHHŪNĀ KHEL HAI, SAB KHEL HAI
HAMEN GĀNĀ SUNĀTE HAIN HANSĀTE HAIN
PAR KHUSHIYĀN HAM DETE HAIN

KABŪTAR DOST HAI, CHHIPKALĪ DOST HAI
CHŪHĀ DOSTA HAI, SAB DOST HAI
BACHE HUE KO BACHCHE KEHTE HAIN
HAM ĀPKO SIKHĀTE HAIN

HAM BACHCHE DUNIYĀ SE KHELENGE
HAM BACHCHE SAPNE SE BHI KHELENGE...

39. धान कटाई पर लोरी (दिन में)

राज बुद्धिराजा

सोजा सोजा बिटिया रानी
सोजा सोजा...
हाथी भी सो गइल
मोर भी सो गइल
तो काहे नाहीं सोइल
मेरी बिटिया रानी।

चिड़िया चुग गयी धान सार
मैना भी चुग गयी धान सार
मैं बैठी तोहे सुलाइत
मंदिर में क्या रखूं मैं
इहि चिंता मीहि खाइत
मेरी बिटिया रानी।

धिक न करत तूं, कहा मान ले
जल्दी से तू सो जा रानी
मेरी बिटिया रानी
बचा खुचा मैं धान बीन लूँ
पूजा में राखूँ थाली
मेरी बिटिया रानी।

39. 稲刈りの子守唄（昼）

ラージ・ブッディラージャー

ねんね　ねんね　姫様　ねんね
象さんも寝たよ
孔雀さんも寝たよ
お前もどうして寝ないんだい
私の娘、お姫様

小鳥は籾をみなついばんでしまったよ
ムクドリも籾をみな食べてしまったよ
私はお前を寝かさなきゃいけない
お寺に何を持って行けばいいのかしら
それが心配だよ
私の娘、お姫様

わがまま言わず、言うこと聞きなさい
早く眠りなさい、お姫様
私の娘、お姫様
余った籾を拾い集めて
礼拝のために持って行くから
私の娘、お姫様

39. ダーン・カターイー・パル・ローリー（ディン・メン）

ソージャー　ソージャー　ビティヤー　ラーニー
ソージャー　ソージャー・・・
ハーティー　ビー　ソー　ガイル
モール　ビー　ソー　ガイル
トー　カーヘー　ナーヒーン　ソーイル
メーリー　ビティヤー　ラーニー

チリヤー　チュグ　ガイー　ダーン　サール
マイナー　ビー　チュグ　ガイー　ダーン　サール
マエン　バェティー　トーヘー　スラーイト
マンディル　メン　キャー　ラクーン　マエン
イヒ　チンター　ミーヒ　カーイト
メーリー　ビティヤー　ラーニー

ディク　ナ　カラト　トゥーン、カハー　マーン　レー
ジャルディー　セー　トゥー　ソー　ジャー　ラーニー
メーリー　ビティヤー　ラーニー
バチャー　クチャー　マエン　ダーン　ビーン　ルーン
プージャー　メン　ラークーン　ターリー
メーリー　ビティヤー　ラーニー

39. DHĀN KATĀĪ PAR LORĪ (DIN MEN)

RĀJ BUDDHIRĀJĀ

SOJĀ SOJĀ BITIYĀ RĀNĪ
SOJĀ SOJĀ...
HĀTHĪ BHĪ SO GAIL
MOR BHĪ SO GAIL
TO KĀHE NĀHĪN SOIL
MERĪ BITIYĀ RĀNĪ

CHIRIYĀ CHUG GAYĪ DHĀN SĀR
MAINĀ BHĪ CHUG GAYĪ DHĀN SĀR
MAIN BAITHĪ TOHE SULĀIT
MANDIR MEN KYĀ RAKHŪN MAIN
IHI CHINTĀ MOHI KHĀIT
MERĪ BITIYĀ RĀNĪ

DHIK NA KARAT TŪN, KAHĀ MĀN LE
JALDĪ SE TŪ SO JĀ RĀNĪ
MERĪ BITIYĀ RĀNĪ
BACHĀ KHUCHĀ MAIN DHĀN BĪN LŪN
PŪJĀ MEN RĀKHŪN THĀLĪ
MERĪ BITIYĀ RĀNĪ

40. मकर संक्रांति की लोरी

राज बुद्धिराजा

पूंणीं वे काका पूंणीं
तेड़ी जोत जगी वे सूंणी
पूंणी वे काका पूंणीं।

रुठड़ा मनांवी वे
मनया खिलावीं वे
जोत जगावीं वे।

पूंणीं वे काका पूंणीं
तेड़ी जोती जगी वे सूंणी
पूंणीं वे काका पूंणीं।

40. 冬至祭の子守唄

ラージ・ブッディラージャー

綿のような子
お前が美しく輝くように
綿のような子

泣いたらあやしましょう
泣き止んだら食べさせましょう
そうしたら光り輝くでしょう

綿のような子
お前が美しく輝くように
綿のような子

40. マカル・サンクラーンティ・キ・ローリー

プーニーン　ヴェ　カーカー　プーニーン
テーリー　ジョート　ジャギー　ヴェ　スーニー
プーニー　ヴェ　カーカー　プーニーン

ルトダー　マナーンヴィー　ヴェ
マンヤー　キラーヴィーン　ヴェ
ジョート　ジャガーヴィーン　ヴェ

プーニーン　ヴェ　カーカー　プーニーン
テーリー　ジョーティー　ジャギー　ヴェ　スーニー
プーニーン　ヴェ　カーカー　プーニーン

40. MAKAR SANKRĀNTI KI LORĪ

RĀJ BUDDHIRĀJĀ

PŪNNĪN VE KĀKĀ PŪNNĪN
TERĪ JOT JAGĪ VE SŪNNĪ
PŪNNĪ VE KĀKĀ PŪNNĪN

RUTHRĀ MANĀNVĪ VE
MANYĀ KHILĀVĪN VE
JOT JAGĀVĪN VE

PŪNNĪN VE KĀKĀ PŪNNĪN
TERĪ JOTĪ JAGĪ VE SŪNNĪ
PŪNNĪN VE KĀKĀ PŪNNĪN

41. छुक् छुक्

राज बुद्धिराजा

छुक् छुक् करती आती रेल
शोर मचाती आती रेल।

कोयला खाती पानी पीती
दौड़ी दौड़ी आती रेल।

चलते चलते जब थक जाती
हर स्टेशन पर वह रुक जाती।

चिट्ठी लाती पतरी लाती
गाँव की लाती खुशियां रेल।

छुक् छुक् करती आती रेल
शोर मचाती आती रेल।

41. チュク・チュク

ラージ・ブッディラージャー

チュクチュク言いながら汽車がやって来る
騒音を鳴らしながら汽車がやって来る

石炭を食べながら、水を飲みながら
息せき切って汽車がやって来る

走って走って疲れると
駅に止まって一休み

葉書を運んだり、手紙を運んだり
故郷の便りを運ぶ汽車

チュクチュク言いながら汽車がやって来る
騒音を鳴らしながら汽車がやって来る

41. チュク・チュク

チュク　チュク　カルティー　アーティー　レール
ショール　マチャーティー　アーティー　レール

コーイラー　カーティー　パーニー　ピーティー
ダォリー　ダォリー　アーティー　レール

チャルテー　チャルテー　ジャブ　タク　ジャーティー
ハル　ステーシャン　パル　ヴォ　ルク　ジャーティー

チッティー　ラーティー　パトリー　ラーティー
ガーオン　キ　ラーティー　クシヤーン　レール

チュク　チュク　カルティー　アーティー　レール
ショール　マチャーティー　アーティー　レール

41. CHHUK CHHUK

RĀJ BUDDHIRĀJĀ

CHHUK CHHUK KARTĪ ĀTĪ REL
SHOR MACHĀTĪ ĀTĪ REL

KOYLĀ KHĀTĪ PĀNĪ PĪTĪ
DAUṞĪ DAUṞĪ ĀTĪ REL

CHALTE CHALTE JAB THAK JĀTĪ
HAR STESHAN PAR WHO RUK JĀTĪ

CHITTHĪ LĀTĪ PATRĪ LĀTĪ
GĀON KI LĀTĪ KHUSHIYĀN REL

CHHUK CHHUK KARTĪ ĀTĪ REL
SHOR MACHĀTĪ ĀTĪ REL

42. सुबह सवेरे सूरज आता

राज बुद्धिराजा

सुबह सवेरे सूरज आता
किरणों की सौगात ले आता।

चींचीं करत यह चिड़िया आ गयी
राम कहत यह मिट्ठू भी आता।

अम्मा कहत जग जाओ रे मुन्ना
सुबह हो गयी, सुबह हो गयी।

मुन्ना उठता मुन्ना उठता
बस्ता लेकर शाला जाता।

सुबह सवेरे सूरज आता
किरणों की सौगात ले आता।

42. 毎朝お日様は昇る

ラージ・ブッディラージャー

毎朝お日様は昇る
光のお土産持ってやって来る

チーンチーン鳴きながら小鳥がやって来た
「ラーム」[i]と言いながらオウムもやって来た

お母さんは言う、坊や、起きなさい
朝になったわよ、朝になったわよ

坊やは起きる、坊やは起きる
袋を持って学校へ行く

毎朝お日様は昇る
光のお土産持ってやって来る

---

i ヒンドゥー教の神様の名前。

42. スバエ・サヴェーレー・スーラジ・アーター

スバエ　サヴェーレー　スーラジ　アーター
キルノーン　キ　サォガート　レー　アーター

チーンチーン　カラト　イェ　チリヤー　アー　ガイー
ラーム　ケヘト　イェ　ミットゥー　ビー　アーター

アンマー　ケヘト　ジャグ　ジャーオー　レー　ムンナー
スバエ　ホー　ガイー、スバエ　ホー　ガイー

ムンナー　ウトター　ムンナー　ウトター
バスター　レーカル　シャーラー　ジャーター

スバエ　サヴェーレー　スーラジ　アーター
キルノーン　キ　サォガート　レー　アーター

42. SUBAE SAVERE SŪRAJ ĀTĀ

RĀJ BUDDHIRĀJĀ

SUBAE SAVERE SŪRAJ ĀTĀ
KIRNON KI SAUGĀT LE ĀTĀ

CHĪNCHĪN KARAT YEH CHIRIYĀ Ā GAYĪ
RĀM KAHAT YEH MITTHŪ BHĪ ĀTĀ

AMMĀ KAHAT JAG JĀO RE MUNNĀ
SUBAE HO GAYĪ, SUBAE HO GAYĪ

MUNNĀ UTHTĀ MUNNĀ UTHTĀ
BASTĀ LEKAR SHĀLĀ JĀTĀ

SUBAE SAVERE SŪRAJ ĀTĀ
KIRNON KI SAUGĀT LE ĀTĀ

43. मुझे लोरी सुनाओ न

राज बुद्धिराजा

मुझे लोरी सुनाओ न
मेरी माँ।

न जाने कब से तरस रही हूँ
तुम्हारी नेहिल आँखों के लिए।

तुमने लोरी गायी थी
तो कान्हा भैय्या के लिए।

मुझे तो तुमने भेज दिया था
कंस मामा के पास।

न जाने कितनी कितनी बार
उन मामाओं ने मुझे शिलाओं पर पटका था।
मैं बार बार जन्म लेती

धुटने घुटने चलती
चाँद सितारों को देखती
रोटियाँ बेलती
छछिया भर छाछ बिलोती
सरकंडे की कलम घिसती रही
पर तुमने मुझे बाहों के पालने में झुलाकर
लोरी नहीं सुनायी।

नहीं चाहती तो मत सुनाओ
अब तो मैं दुनियाँ की कन्या-शिशुओं को
लोरी सुनाकर मीठे-मीठे सपने देखती हूँ।

43. 私に子守唄を聞かせて[i]

ラージ・ブッディラージャー

私に子守唄を聞かせて
お母さん

いつから待ち望んでいるかしら
お母さんの愛情の満ちた目を

子守唄を歌うときは
いつもクリシュナ兄さんのため

お母さんは私を
カンサ叔父さんのところに送ったわ

何度も何度も
叔父さんたちは私を石にぶつけたわ
私は何度も何度も生を受けて
ハイハイして
お月様やお星様を見て

---

i クリシュナの妹を主題にして、男尊女卑社会における女児の悲しみを歌った詩。クリシュナの妹は生まれた途端に、「ヴァスデーヴァ（クリシュナの父親）の子によって殺される」との予言を恐れたカンサ王によって石にぶつけられて死んだ。

ローティーを伸して
バターミルクをかき混ぜて
筆をすり減らして来たわ
でもお母さんは腕のゆりかごの中で
私に子守唄を聞かせてくれなかった

もし嫌なら歌ってくれなくてもいいわ
私は今、世界中の女の子たちに
子守唄を歌って、甘い夢を見ているから

43. ムジェー・ローリー・スナーオー・ナ

ムジェー　ローリー　スナーオー　ナ
メーリー　マーン

ナ　ジャーネー　カブ　セ　タラス　ラヒー　フーン
トゥマーリー　ネーヒル　アーンコーン　ケ　リエ

トゥムネ　ローリー　ガーイー　ティー
トー　カーナー　バイヤー　ケ　リエ

ムジェー　トー　トゥムネ　ベージュ　ディヤー　ター
カンス　マーマー　ケ　パース

ナ　ジャーネー　キトニー　キトニー　バール
ウン　マーマーオーン　ネ　ムジェー
　　　　シラーオーン　パル　パトカー　ター
マエン　バール　バール　ジャナム　レーティー
グトネー　グトネー　チャルティー
チャーンド　スイターローン　コ　デークティー
ローティヤーン　ベールティー
チャチヤー　バル　チャーチュ　ビローティー
サルカンデー　キ　カラム　ギスティー　ラヒー
パル　トゥムネ　ムジェー　バーホーン　ケ
　　　　パールネー　メン　ジュラーカル
ローリー　ナヒーン　スナーイー

ナヒーン　チャーハティー　トー　マト　スナーオー
アブ　トー　マエン　ドゥニヤーン　キ
　　　　カンニャー・シシュオーン　コ
ローリー　スナーカル　ミーテー・ミーテー
　　　　サプネー　デークティー　フーン

43. MUJHE LORĪ SUNĀO NA

RĀJ BUDDHIRĀJĀ

MUJHE LORĪ SUNĀO NA
MERĪ MĀN

NA JĀNE KAB SE TARAS RAHĪ HŪN
TUMHĀRĪ NEHIL ĀNKHON KE LIE

TUMANE LORĪ GĀYĪ THĪ
TO KĀNHĀ BHAIYĀ KE LIE

MUJHE TO TUMNE BHEJ DIYĀ THĀ
KANS MĀMĀ KE PĀS

NA JĀNE KITNĪ KITNĪ BĀR
UN MĀMĀON NE MUJHE SHILĀON PAR PAṮKĀ THĀ
MAIN BĀR BĀR JANAM LETĪ
GHUṮNE GHUṮNE CHALTĪ
CHĀND SITĀRON KO DEKHTĪ
ROTIYĀN BELTĪ
CHHACHHIYĀ BHAR CHHĀCHH BILOTĪ
SARKANḎE KI KALAM GHISTĪ RAHĪ
PAR TUMNE MUJHE BĀHON KE PĀLNE MEN JHULĀKAR
LORĪ NAHĪN SUNĀYĪ

NAHĪN CHĀHTĪ TO MAT SUNĀO
AB TO MAIN DUNIYĀN KI KANYĀ-SHISHUON KO
LORĪ SUNĀKAR MĪṮHE-MĪṮHE SAPNE DEKHTĪ HŪN